這些教法集結了偉大化身上師蓮花生之開示的心要建言。

這些言教來自蓮師之心，行者應用之親證親修。請將這點銘記於心！

——伊喜・措嘉

蓮師文集

Advice from the Lotus-Born

A Collection of Padmasambhava's Advice to the Dakini Yeshe Tsogyal and Other Close Disciples

蓮師心要建言

蓮花生大師給予空行母伊喜·措嘉及親近弟子的建言輯錄

出自多位大師所取出的伏藏法：
娘·讓·尼瑪·沃瑟
卻旺上師
貝瑪·列哲·采
桑傑·林巴
仁增·果登
秋吉·林巴

艾瑞克·貝瑪·昆桑（Erik Pema Kunsang）／藏譯英
馬西歐·賓德·舒密得（Marcia Binder Schmidt）／編輯英譯版
江涵芠、孫慧蘭 ／中譯
江涵芠 ／審校

目次

英文版譯序

《蓮師心要建言》當中的教法，是蓮花生大師在西藏親自對他的親近弟子所說的。基本上，這些法教的授予是在回應卡千王國（Kharchen）的公主——明妃措嘉（Lady Tsogyal）的提問，她記錄下這些法教，並以之爲珍貴的伏藏寶埋藏起來，讓它們能在許多世紀之後被開掘取出。幾乎每一章都提到，這些法教的傳予是爲了未來世代修行者的利益，而且其中通常包含了這樣的話語：「祈願此法教可以在未來與具格相稱和因緣注定的人們相遇！」

《蓮師心要建言》與《空行教法》是成對的書冊，也是努力將蓮師教法持續呈現給現代行者實修運用的其中一部分。蓮花生大師是八世紀後半葉期間，於西藏建立佛教的偉大上師；《蓮師傳》一書，對蓮師的生平有非常詳細的描述。

祖古烏金仁波切肯確地表示，出版這些珍貴教法的英譯本將會帶來極大利益，因此他請我找出並選取一些不同於《空行教法》一書的最深奧教授。

本書包含了金剛乘最傑出上師的口述教言，這些內容節錄自不同的伏藏法。儘管這些伏藏教言跨越了許多世紀，而且在不同的地方被不同的人所掘出，但是它們的語言和文法風格幾乎是一致的。

本書所呈現的內容，僅只顯示出過去一千年來被取掘出的巨量伏藏珍寶的一小部分而已。本書由下列出處彙編而成：仁增・果登（Rigdzin Gödem）的《直示密意》（*Gongpa Sangtal*）、娘・讓（Nyang Ral）的《瑪兒契》（*Martri*）、桑傑・林巴（Sangye Lingpa，一三四〇～一三九六）的《上師密意集》（*Lama Gongdü*）以及《通瓦敦殿：具義之見》（*Tongwa Dönden*，爲一彙編集）、貝瑪・列哲・采（Pema Ledrel Tsal）的《空行心髓》（*Khandro Nyingtig*），以及秋吉・林巴（Chokgyur Lingpa）的《秋林德塞：秋林新伏藏》（*Chokling Tersar*）。

第一章〈寶釘遺教〉，以及篇幅最長的第六章〈珍寶寶庫〉，選自著名的《直示密意》。《直示密意》是由寧瑪派的「羌代」或說是北伏藏的傳承上師——仁增・果登（一三三七～一四〇八），所取出的一部伏藏法教。仁增・果登這個名字從字面上來說，意指「有禿鷹羽毛的持明者」；他之所以得到這個稱號，是因爲十二歲時有三根禿鷹羽毛從他頭上長出來，二十四歲時又多了五根。仁增・果登是拿囊（Nanam）的多傑・杜炯（Dorje Dudjom）的一個化身。多傑・杜炯是蓮花生大師九位親近西藏弟子當中的一位，也被列爲五位如王伏藏師的其中之一。

《直示密意》是「直示本初佛普賢王如來的體證」的縮寫。這個教法的系列集結中還包括著名的「普賢王如來行願」。《直示密意》由五個部分所組成；本書收錄的這兩章，歸屬於名爲「卡達・讓炯・讓霞」（*Kadag Rangjung Rangshar*）這個部分，即「自生自顯之本淨」或「本自存在又本自呈現的本初清淨」。

第二個主要出處是娘・讓的《瑪兒契》，即蓮花生大師的「直接教訣」（Direct Instructions），是由偉大上師娘・讓・尼瑪・沃瑟（Nyang Ral Nyima Özer，一一二四～一一九二）所開掘的；在《空行教法》中，我曾簡略描繪了娘・讓的生平。這一套教法被蔣貢・康楚（一八一三～一八九九）納編於《大寶伏藏》中，是爲人所知的著名伏藏法教合輯——「珍貴伏藏寶」。

第三個出處是由桑傑．林巴開掘的《上師密意集》，這是指「上師（蓮花生）證悟的體現」。桑傑．林巴是赤松．德贊國王（七九〇～八四四）次子的轉世化身，且被納於八位林巴（Eight Linpas）或說八位大伏藏師之列。桑傑．林巴最重要的掘藏就是共計十八函、每函約七百頁的《上師密意集》的大規模伏藏系列，以及《卡堂賽千》（*Kathang Sertreng*），亦即以《黃金記事》（*Golden Chronicles*）爲人所知的蓮花生大師廣版傳記。

《通瓦敦丹》意指「具義之見」，這是一部編自三個主要出處的蓮師傳記：也就是由烏金．林巴（Orgyen Linpa，一三二九～一三六〇／六七）、娘．讓，以及卻汪上師（Guru Chöwang，一二一二～一二七〇）所掘取的數部卡堂記事。這份原稿由兩百七十四個大型木版印刷對開頁所組成，是在博達那（Boudhanath）的雪謙．天尼．大給林寺院（Shechen Tennyi Dargye Ling）的圖書館中找到的。卡堂記事底頁提到，它包含了取自以下來源的素材：(1)《烏迪亞納偉大上師廣傳》（*Extensive Biography of the Great Master of Uddiyana*），這是烏金．林巴從雅隆的水晶洞窟殊勝地所取出的；(2)《蓮花遺教》（*Testament of Padma*），這是由大伏藏師娘．讓所掘取出的；(3)《四十五行止傳》（*Biography of 45*

Deeds），是由曼達拉娃公主所著，並被羅札（Lhodrak）的伏藏師卻旺上師濃縮為《十一行止傳》（*Biography of 11 Deeds*）；以及(4)取自桑傑・林巴《上師密意集》伏藏系列的個別教授、針對提問的不同答覆以及預言等等。

至於第四個出處，我採用了貝瑪・列哲・采（一二九一～一三一五／九）的《康卓寧滴》，即《空行心髓》當中的一品。蓮師將他大圓滿最密無上系列的法教埋藏起來，使其在未來以《空行心髓》的法教形式被掘取出。取出這個重要系列的伏藏師是貝瑪・列哲・采，他是赤松・德贊國王的女兒貝瑪・索公主的轉世化身。貝瑪・列哲・采的下一個轉世化身就是傑出的龍欽・饒絳大師（Longchen Rabjam，一三〇八～一三六三），其後則是貝瑪・林巴（一四四五～一五二一）。這位上師又化身為近代的堪布拿穹（Kenpo Ngakchung），別名為拿旺・巴桑（Ngawang Palsang，一八七九～一九四一），且也使用貝瑪・列哲・采這個名字。

最後，《金剛界壇城祈願文》（*the Aspiration of the Vajradhatu Mandala*）是《秋林德塞：秋林新伏藏》中最為重要的善好祈願誦文。在噶舉及寧瑪傳承大部分共修法會的末尾，大眾皆會一同唸誦這段祈願文。《秋林德塞》即是「秋吉・林巴（一八二九～一八七〇）的新伏藏珍寶」，是由秋吉・林巴這位大伏藏師，以及他兩位親近的夥伴——蔣揚・欽哲・旺波（Jamyang Khyentse Wangpo，一八二〇～一八九二）和第一世蔣貢・康楚（Jamgön Kongtrül the first，一八一三～一八九九）所發現的。

我要感謝守護著蓮師法教心要的祖古烏金仁波切閣下，感謝他仁慈地爲我解答所有疑問，並感謝他深奧的教授闡明了本書呈現之見地的深度；也要感謝確吉・尼瑪仁波切經年來對於佛法的廣泛教導，其中包括兩場探討蓮師和明妃伊喜・措嘉之間的提問與答覆的研討課程。

最後我要隨喜的是，本書的翻譯任務就在阿蘇拉洞窟寺廟中，於陰曆的初十圓滿了。蓮花生大師曾允諾要在這一天，從他的淨土吉祥銅色山前來，加持任何呼喚他的人。祈願這些珍貴的法教深深鼓舞任何閱讀它們的人。

艾瑞克・貝瑪・昆桑

寫於拿吉寺，一九九四

前導法教

祖古烏金仁波切

《蓮師心要建言》的法教，是屬於一種稱爲「瑪兒契」或直接教授的文體。瑪兒契是指衷心給予的個人建議，以清楚而直接的方式來教導，顯露出最私密珍藏的秘訣。通常這樣的建言，一次只會傳授給一位弟子。蓮花生大師的直接教授，濃縮了大瑜伽部密續、阿努瑜伽部典籍和阿底瑜伽部心要教授等三者的根本意義。

有諺語說：「末法時代的火焰猖獗肆虐時，密咒金剛乘的教法將會迅速散佈、光耀於外。」蓮師即是密咒金剛乘的主要大師，他以這樣的角色，伴隨著此賢劫千佛的每一佛而出世。

我的根本上師桑滇．嘉措（Samten Gyatso）常說：「仔細領會蓮師的伏藏教法，多麼奇妙呀！比較一下伏藏諭示和其他任何論著，看看伏藏諭示的質地有多麼獨特。這主要乃因爲伏藏教法是由蓮師親自撰作的，其行文用語的優美，令人驚奇！」

桑滇．嘉措還說：「要撰寫出伏藏修持的這些行文，這部如此美妙且具足深度的文作，無人能出蓮師其右。與學者的論述不同的是，伏藏教法的每一個字都可用愈來愈深奧的次第來了解。這就是蓮花生大師金剛語的殊勝功德特質。」我的老師對蓮師的言教總是感到驚奇！桑滇．嘉措非常博學，而且研讀過大量的文獻典籍；即便如此，他總是會在蓮師的教法當中，悟出許多不同層次的意義。桑滇・嘉措說：「閱讀蓮師法教時，你必然會生起信心與虔誠。」他還說：「你不禁會以全然的信賴，臣服其下。」桑滇・嘉措對蓮花生大師有著不可思議的信心，他常說：「沒有人比蓮師更偉大。當然，釋迦牟尼佛是始祖根源，但蓮師卻使金剛乘教法得以在印度和西藏各地傳揚繁盛，尤其是在西藏。」

我們在幾位伏藏師的取藏中，都可以看到措辭相似的法教，因爲這些法教都是從象徵性文體解碼而出的蓮師無誤之語，毋需置疑。舉例來說，蓮師七句祈請文的開頭是：「烏金境域西北隅」，這也出現在許多不同的伏藏法中；不同的掘藏卻指向同樣的根源。

桑滇・嘉措說：「偉大眞實的伏藏師，多麼令人震懾！」「比如像是娘・讓、卻汪上師和仁增・果登等大師，眞的很不可思議！」前兩位伏藏大師娘・讓與卻汪上師，被公認爲「伏藏二王」，其他百位伏藏師都被描繪成是他們的隨從。此外還有三勝伏藏師（Three Eminent Tertöns）、八林巴（Eight Linpas）、二十五大伏藏師（25 major tertöns）等等，他們都同等重要。但是在共計一百零八位伏藏師當中，最主要的就是兩位伏藏王：娘・讓・尼瑪・沃瑟，以及卻汪上師。「此二位無人能及！」桑滇・嘉措說。順帶一提，所有伏藏師中，第一位為人所知的是桑傑喇嘛（Sangye Lama），但他和桑傑·林巴並非同一個人。我對於不同傳記的細節並不熟悉，只知道這些伏藏師都非常卓越傑出。

當宗薩·欽哲·確吉·羅卓駐錫在錫金甘托克時，我有幸得以連續二十五天每個上午都去拜訪他，請問許多不同的問題。那時他的健康安好，但由於他正在半閉關狀態，因此並不接見訪客；然而因為我是秋吉·林巴的子嗣之一，他對我表現出特別的仁慈，要我去拜訪他。通常他都是獨自一人，旁邊沒有任何侍者。

有一天我暴露出自己的無知，這樣發問：「像我這樣一無所知的人，很難判斷兩位伏藏王與其他一百零八位伏藏師所取出的《大寶伏藏》內，有關三根本之本尊伏藏法教中，到底哪一個最重要。我們就像在大草原上採花的孩子，試圖挑出最美麗的一朵花。依您看，何者最重要呢？」宗薩·欽哲仁波切答覆說：「就上師這個層面來說，沒有比卻汪上師《初十修行八品》（*The Tenth Day Practice in Eight Chapters*）更優秀的，此堪稱是各式上師瑜伽法之王。就本尊的部分而言，蓮師所教導的《修部八教》（*Eight Sadhana Teachings*）以及娘·讓的版本，是最卓越的。就空行母的部分來說，娘·讓的《黑憤怒母》（*Tröma*

Nagmo）是最重要的。這三部伏藏法教是所有已取出的伏藏當中最重要的。」卻汪上師的《初十修行八品》，是以喇嘛桑度（Lama Sangdü，體現諸秘訣的大師）爲基礎。喇嘛桑度是蓮師相之一。《修部八教》則有三個主要的版本。而在不同的空行母修持法中，就屬娘．讓的《黑憤怒母》——以黑色憤怒形象示現的金剛瑜伽女，最爲深奧。

當我問：「我個人應該修持什麼法呢？」宗薩．欽哲仁波切告訴我：「就以《修心：盡除障礙者》（*Tukdrub Barchey Künsel*）作爲你個人的修行吧！在秋吉．林巴大師的伏藏中，《盡除障礙者》法教系列深奧得難以置信，而且被取出時毫無障礙。當障礙被消除時，成就便會自然產生。因此，專注於那個修持吧！」

「我應該視誰爲上師呢？」我問。宗薩．欽哲仁波切回答說：「祈請秋吉．林巴大師吧！這就足夠了。其中一切都具足圓滿。秋吉．林巴大師足以作爲上師部分的代表。」

然後我問：「我應該專注於哪一個大圓滿教法的修持呢？」宗薩．欽哲仁波切又說：「你應該修《普賢心滴》（*Kunzang Tuktig*）。現在是《普賢心滴》與《傑尊心滴》兩系列法教將會對人有所影響的時期；每個時代都有特別適合當時的獨特大圓滿教法。稍早時代廣爲聞名的是《四部心滴》或《四部心髓》（*Nyingtig Yabzhi*），接下來是仁增．果登的《直示密意》（*Gonpa Sangtal*）和多傑．林巴（Dorje Linpa）的《廣博見地》（*Tawa Long-yang*），然後是傑尊．寧波（Jatsön Nyingpo）《勝寶一體》（*Könchok Chidü*）的法系。每一部伏藏都在屬於其本身的特定時機中出現。」

針對這一點，桑滇．嘉措也持相同意見：「蓮花生大師實爲崇高無比，因爲他離開西藏前，爲每一世紀的修行者埋藏了包含教法、珍貴寶石和神聖文物等豐富伏藏。之後，爲了掘取這些伏藏珍寶而現身的伏藏師們，都受到了蓮師的加持，也領受到了整個傳承的灌頂和口傳。現今有些知識份子持反對意見說：『伏藏師們也許並沒有持有那些得自蓮師不間斷灌頂及口傳傳承所授教法。他們只是挖出一些自己埋藏的東西而已！』但事實上，每位伏藏師都已藉由眞實可信的方式，領受了透過蓮師加持而來的完整傳承，這樣的傳承方式遠比一般常給予的、通常只是象徵加持的灌頂與傳承更加殊勝。所有偉大的伏藏師都是身語意被蓮師親自加持與灌頂的大師；宣稱伏藏師們沒有傳承是很幼稚無知的，這樣的說法顯示出這些人對傳統七種傳承方法的一無所知。伏藏教法異常深奧，且被藏匿在『四相六界限』的寶盒中。

如果你有興趣的話，可探究的範圍是非常廣大甚深的。」

偉大的伏藏師從童年時期就不同於一般孩子，他與生便具有對本尊的淨觀，其了悟從內心滿溢而出。伏藏師不像我們一般人，必須追隨著次第漸進的學習與修行之道。一般人不會有瞬間而生的頓悟。

蓮師來到世間，已然經過相當多個世紀了，但是由於他的大仁慈，爲了未來有情眾生的利益，他在堅固的岩石內、湖泊中、甚至在虛空中埋藏了數不清的伏藏。思及如此廣大無量的仁慈恩德，我們內心的敬畏不禁油然而生。然而，竟然還是有人對這份仁慈不存感激之心。

當不同的伏藏教法應該被掘出的時刻到來，偉大的伏藏師們便會出現於世間。他們能夠潛入湖中、上飛到一般人跡不可達的各種洞窟所在，從堅固的岩石中取出待取之物。

我的祖母是秋吉．林巴的女兒，曾經目睹這樣的情景，她告訴我：「當岩石打開時，看起來就像母牛的肛門；岩石變軟後，剛好流出一個含有伏藏的洞穴。伏藏師通常會在超過一千人的面前取出伏藏，這樣就不會產生一絲一毫的懷疑。岩石打開時，內部變得清晰可見，我們看到洞穴中滿佈著閃爍的彩虹光。伏藏文物觸摸起來是灼熱的。有一次曾出現大量硃砂粉，量多到向外流了出來。秋吉．林巴常會隨身攜帶織錦緞布，好把珍貴的文物放上去。伏藏物是如此地灼燙，以至於這些織錦緞布多數都有燒灼的痕跡。除了秋吉．林巴以外，沒人能夠手握這些伏藏物。」之後，我在秋吉．林巴的添岡（tengam，收放神聖物品的空間）中，看到了一部分這些燒焦的紅色和黃色的織錦緞布卷。

祖母接著說：「然後，秋吉．林巴會把伏藏物——有時候是一座雕像，放在一個開放式壇城的織錦緞上頭，讓它冷卻。他會向在場的人解釋這個伏藏是怎樣被埋藏的、現在爲何會被開掘出來，以及領受其加持的利益等等。這個超過一千人的聚眾出於信心與虔敬而流下眼淚，空氣因眾人的哭泣而嗡然作響。即便你是一位頑固的知識份子，所有的懷疑批判態度也會消失殆盡；每個人都受到了這個奇蹟的衝擊。」

這一定是眞的，因爲西藏人，尤其是東藏康區的藏人，素以強烈懷疑的態度而聞名，這些人不會無緣無故自動就相信一位伏藏師；但是秋吉．林巴卻可以超脫於懷疑與爭議之外，因爲他一再地在無數見證人在場的情況下，掘取出伏藏。

伏藏教法是蓮師的直傳言教，當伏藏教法在命定的時間被取出時，有著其他任何論著皆難以匹敵的深奧性。伏藏教法擁有獨特的加持力，然而這樣的加持亦有賴於你的信心與虔敬心。卡塞．康楚，也就是十五世噶瑪巴的兒子，有次對我說：「我舉行了三次秋吉．林巴的伏藏《修心：盡除障礙者》大修法會，每一次都出現了奇妙的成就徵兆。」我問：「請告訴我有什麼徵兆。」「有一次有大量的甘露流洩出來，非常甜美而且帶有輕微酸味，就像是上好的青稞酒一樣。甘露從壇城上的朵瑪食子流出，一直流到寺院的入口。另外一次是壇城上的甘露與供血開始沸騰，就像煮沸的水一樣滋滋作響。第三次我們還準備了法藥，七日步行之距仍聞得到此藥的甜味芳香。我這輩子從未看過跟那三次修法期間一樣的驚人徵兆。」這也可能是因爲深奧伏藏法加上如此優秀的大師，兩者結合所產生的結果。在秋吉．林巴的賜吉（Tsikey）寺院中，大修法會期間甘露從壇城的朵瑪食子流洩而出的故事，多不勝數。

偉大的大師蔣揚．欽哲．旺波也取出一部等同於《修心：盡除障礙者》的伏藏。在遇到秋吉．林巴，並仔細地審視比較此伏藏教法的兩個版本後，蔣揚．欽哲．旺波燒掉了自己的版本，然後說：「既然用字與意義都是一樣的，哪還需要兩本！您取出的是地伏藏，比起我的意伏藏更加深奧、且將更具大力。」因此，地伏藏與意伏藏兩傳承的加持便融合爲單一之流。地伏藏屬物質性，是從陸地取出的，而意伏藏則是取自證悟的無邊廣境中。據說地伏藏能為眾生帶來較大的利益，因為地伏藏通常包含蓮花生大師親自埋藏的羊皮紙，上頭有著象徵性的文體。

這個被稱為「空行文字」的象徵性文體，深奧得不可思議。引述某部密續典籍的一句話：「伏藏文字是神妙示現之『身』，也是用以了解聲音與言辭的『語』；由於了解了伏藏文字的意義，因此它們也是『意』。」就像這樣，證悟的身、語、意全都包含在空行文體的文字中了。這個文體本身就是化身，亦即神妙創造力之身。即使上師要給予的只是一則短誦文的口傳，實質的文字經典也始終不可或缺，因此以記憶背誦來複述是不被允許的。同樣的，是否持有上頭寫著空行母文體的黃色羊皮紙，差異便是非常大。

蓮師的各篇教授，最後通常會指示嫡傳弟子，不要立刻傳揚這些教授內容，而是將之埋藏起來，以便利益未來的追隨者。這樣做的理由是要保存心要教訣，使之相續不斷；若不將這些直傳言教以伏藏形式埋藏起來，直傳言教傳承很可能在世紀交換之間就滅絕了。儘管教法的始祖們可以飛渡於天或者穿透固體物質，但教法的確會消失。以偉大成就者第二世大寶法王噶瑪・巴希爲例，他的撰作幾近百函，但今日留存的卻只剩下三函，教法就這樣消失無蹤了。女性上師瑪姬・拉尊關於施身法斬斷我執的修持教授，至少超過八十或九十函，但今日在哪裡看得到這些珍貴的法教呢？

在寧瑪傳承中，絨宋巴與龍欽巴以博學多聞而著稱，無人能出其右。儘管絨宋巴被公認爲更有學問，然而龍欽巴卻以其見地之教法而取勝。他們兩位都擁有超過六十或七十函的著作輯，但今日我們也找不到這些作品了。教法的確在消失！

從另外一方面而言，伏藏教法是不會耗盡的。當一位眞正的伏藏師對於象徵性文體生起禪觀時，每個字都能變成一整座奇妙的城市。此外，要被書寫下來的教法文字會維持一種非肯定的狀態（midair，半空中），直到被正確地抄寫下來爲止；如果有句子滯留，那是因爲伏藏師犯了拼寫錯誤的緣故。這便是確保解碼正確性的方式。

大家都公認蓮花生大師與空行母伊喜・措嘉有多麼珍貴，這點是毋庸置疑的。他們埋藏在湖泊與堅固岩石中的教法，並未付諸東流。在適當因緣時節到來之際，文體內容即會鮮明清晰地出現在伏藏師的體悟境界中。在伏藏被實際發現之前，伏藏師會先接收到前導經典

——一部解釋伏藏位置、教法目錄，以及伏藏正確開掘時間的短文。在前去那個地方時，我的祖母這麼形容道：「秋吉．林巴的心與伏藏之間有一道光束，光束引導著他，直接帶領他來到埋藏之地。」

蓮師可以清楚看見過去、現在與未來三時，如同觀看置於掌中的物件一般，因此毋庸置疑的是，蓮師肯定也能看到何種類型的教法對未來世代的人們較爲適切。一般來說，蓮師對根本弟子伊喜．措嘉或是西藏人的教敕，無論你剛好生在何國，你都應該將蓮師教敕自動當作是對你自己的教敕，以之去除自己隱藏的過失。疑惑會阻礙利益的到來，因此千萬不要當一個太陽永遠照不到的朝北洞穴。當蓮師指出過失由何形成、什麼又會障礙證悟之道時，這樣的眞理不只對西藏人而言是眞實正確的，對任何眞心想要追隨心靈修持的人來說，亦是如此。而由於我們生活在不同於八世紀的時代，你自然可以將「西藏人」這個字眼代換爲「全世界的人們」。

空行母伊喜．措嘉是蓮師言教的主要彙編集結者，倘若沒有伊喜．措嘉，我們也不會擁有如此多的蓮師法教。就經藏法教來說，阿難陀是釋迦牟尼佛言教的主要集結者，而金剛手菩薩則集結了佛陀的密續教訣；在本質上，這些教法都是相同的。伊喜．措嘉擁有「不忘失的記憶力」，她從不會忘記所聽過的任何句子。若是聽過某件事後，又完全忘了這件事，不是頗無用的嗎？

蓮師法教的這位彙編者，她本身即是般若波羅蜜多佛母、金剛亥母以及聖度母的化身。伊喜．措嘉特別是爲了這個目的而來到我們的世界，彙編蓮師言教是她特別受命進行的任務。據說阿難陀、金剛手菩薩以及伊喜．措嘉都擁有完美、也就是絕不忘失的記憶力。不忘失的記憶力與所謂的不散亂分心是相同的，因爲遺忘與散亂分心有著同樣的性質。本書呈現了伊喜．措嘉曾聽聞過、不曾忘失、編纂整理，最後並以伏藏珍寶形式爲了我們而埋藏的法教。伊喜．措嘉是一位女性，可能有某些人相信只有男性才能獲得證悟，但是伊喜．措嘉的一生恰恰證明了相反的事實。在實際的眞相上，心的覺醒狀態既非男性也非女性。

在《蓮師心要建言》當中，蓮師與伊喜．措嘉和其他親近弟子之間問答形式的文體，在大多數顯經和密續當中都可以找到，兩者型態不異而同，尤其是在開宗明義的首品中多可見到。我們可以看到，多數有關寺院戒律的律典的產生，是因爲佛陀被問到要如何處置六位積習難改、無惡不作的徒眾。佛陀在聽過這六位比丘最新近的投機事件之後，便會制定一條僧人嚴禁違犯的新規定。

另外一個特點是，幾乎所有的佛經都是爲了回應某人的提問而產生的。某人會先針對某個主題請示佛陀，然後法教便會被授予。這類口訣教授也是如此，只有在回應提問請求時，教法才會被授予。密續也是以類似型態而闡述的：曼達壇城中央主尊會變現出一些圍繞周圍的隨眾，然後隨眾成員便會請求傳授密續教法。簡言之，問答形式是傳統本具的風格。

有一則這樣的預言：「佛陀教法將一步步愈來愈向北方傳播。」尼泊爾位於印度以北，而在這之後，西藏不就是在尼泊爾以北嗎？「之後，法教將回到中土，然後往西方行去。」我並不確定這些話語出自何處，可能是來自蓮師的某部伏藏，也有可能是佛陀親自宣說的。但最肯定的是，眞的有這則預言；我是從宗薩欽哲仁波切那聽到這則預言的。「從現在起，佛法將進一步向西方傳播。」仁波切說。

另外一種解釋則是，既然釋迦牟尼佛與蓮師在十億個世界體系裡，皆以十億個化身出現在每一個世界中，那麼，他們的化現哪有什麼理由尚未出現在這世界的所有國度中？有誰可以肯定地說，佛的加持尚未觸及哪一個地方？我們當然得依賴史書來告訴我們佛法在何處、何時傳揚宏大，但是我認為佛事業是遍及一切處、圍繞著整個世界的。

舉例來說，大家都告訴我，蓮師參訪過西藏與康區的每一處，加持了每一座山、洞穴與湖泊，並未遺漏任何地方，即使是小如馬蹄的地方都毫無遺漏，這樣的話，他又怎麼會遺漏這世界的任何地方呢？

佛陀傳授的一切法教當然都是真實的，但是不同法教差異的程度，就在於所強調的是相對或究竟意義。這兩者都很重要，因為相對層次的法教藉由教導正確的行為來引導我們，而究竟層次則是透過正確見地的教授來產生作用。這些法教也可以藉著精要建言或是簡要口訣教授的形式來授予。

一般所知的是，行者應該「見由高處降」，而「行由低處昇」。「見由高處降」指的是要認識大圓滿的觀點，「行由低處昇」則意指要依循八個下部乘來修行。在金剛乘的脈絡中，這特別指的是修學密續十事。

總結來說，蓮師建言的種種輯錄，包含了對於見地與行止兩者的教訣。我個人認為，我們應該確實以法教原初的型式來呈現法教，不任意增添也不遺漏任何事物。舉例而言，如果你遺漏了蓮師的見地教授，而只呈現行止的教授，那麼蓮師的言教就會變得不完整了。在見地的究竟意涵上，你必然聽過「無業、無善亦無惡」諸如此類的陳述，但是請務必以其正確脈絡來了解這個說法！

沒有見地，一切的教法會變成只是在行爲上的權宜、表淺的教授；如果你的行止中沒有見地，那麼你絕不會有任何機會走向解脫；然而你的見地中若沒有行止，你便會走入一條相信既沒有善也沒有惡、善惡皆空空如也的歧路中。若想了解金剛乘，我們就必須學習密續教法到底如何被封藏在六界限（six limits）與四相或四性（four modes）之中。

不了義著眼於行止，而究竟了義則包含了見地。就如密勒日巴尊者所說的：「若是被不了義愚弄欺騙了自己，你便會喪失了悟眞實義的機會。」

祖古烏金仁波切　述

阿蘇拉洞窟寺

一九九三年十月

1 寶釘遺教

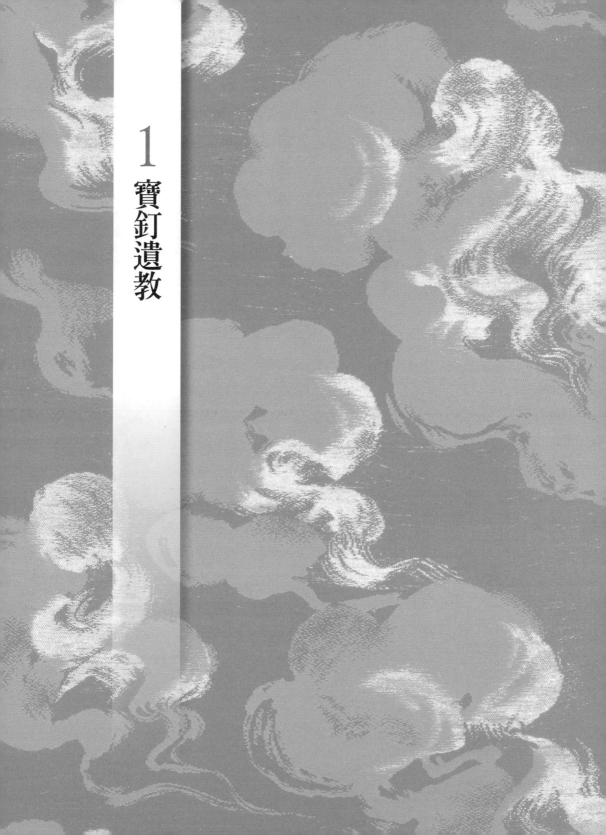

給予伊喜·措嘉的建言

我，烏迪亞納的蓮花生上師，
爲了自身與他人的利益，以佛法訓練自己。
至金剛座之東，
我學習並變得精通經藏法教。

到了南、西和北邊
我學習律典、阿毗達磨等法教集錄，
以及波羅蜜多法教。

在波絲達拉，我修習事部。
在烏迪亞納之域，我修習瑜伽部。

在沙河爾國，我修習密續的兩個部分。

在頻訶的土地上，我修習普巴金剛。
在星哈國，我修習馬頭明王。
在瑪蘆薩之地，我修習天母法。
在尼泊爾，我修習大威德金剛。
於金剛座，我修習甘露。

父續和母續的四個部分，
包含密集續在內，
於頻訶之地，我修習這些而變得博學
從自身本然明覺之心，我學到了大圓滿。
我已了悟一切現象就如夢、如幻術一般。

在西藏的土地上，我爲眾生的利益作廣大行。
在衰墮的時代，我將利益眾生，
因此我埋藏了無數的伏藏珍寶，
這些教法將會與因緣註定者相遇。

所有與這些伏藏有因緣關係的具福者，
請你們履行蓮花生的指令吧！

蓮師如是說。

奇異哉！在這個時代的終末，我的伏藏法將會在雪域西藏宏揚光大。所有在那時將追隨我建言的人，仔細聆聽！

要了解大圓滿阿底瑜伽的本質是很困難的，因此，努力以之訓鍊自己吧！這個本質就是心的覺醒境界——雖然你的身體仍舊是人身，但是你的心卻抵達了佛果的位階。

無論大圓滿教法是如何深奧、廣大、盡攝一切，這些法教都含攝於此中：無須去禪修，或對甚至微如原子的現象加諸造作，並且連一須臾的時間也不要散亂①。

沒有眞正了解上述要點的人們會墮入一種危險，他們將這句話當成一種口頭禪：「不去禪修也沒有關係！」這些人的心，仍舊束縛在輪迴俗務令人散亂分心的事物中。然而他們若是眞正了解無修的本質，應該早已從輪迴與涅槃中解脫，契入平等性了。因爲證悟現前時，你必然會從輪迴中解脫出來，你的煩惱自然會平息消退，並轉變爲本初覺性（original wakefulness，本覺）——不能減少煩惱的證悟有什麼用處呢？

然而，有些人不禪修時，便沉溺在五毒中；這些人尚未了解眞實本性，而且一定會墮入地獄之中。

① 原注藏文字 gom（禪修）的字面意義原本是「培養、修練」（cultivate），指的是促使某個尚未出現的事物得以現前、產生。但大圓滿的訓練並非是一種「禪修的行為」，也就是說，並不是要創造和牢記某件事物。（祖古烏金仁波切）

尚未了解的見地，不要佯裝自己懂得！由於見地即是無見，因此心的體性是大空性的廣境；由於禪修就是無修，因此要讓你自己的體驗遠離執著；由於行持就是無有行，因此行持就是遠離戲論造作的本然狀態；由於果是無捨亦無取的，因此果就是大樂法身。這四句話是我內心真誠的話語，若是與這四句話有所牴觸，你將無法了解阿底瑜伽的本質。

在未來時代的末法時期，會有許多歪曲不當的行者將佛法視為交易的商品。在那個時候，所有遵從我的話語的你們，千萬不要放棄十法行。

即便你的了悟已等同佛的證悟，還是要供養三寶；即便你已能掌握自心，還是要讓你內心深處的目標朝向於佛法；即便大圓滿的本質是這麼無上殊勝，然而切莫輕蔑其他教法。

即便你已經了知諸佛與有情是平等的，還是要以悲心擁抱一切眾生；雖然五道與十地超越了修練與所經之歷程，但是切莫停止以佛法活動來淨治你的障礙；雖然資糧超越了累積或不累積，但是切莫切斷有漏善或緣起之善的根基。

儘管你的心已落於生死之外，但這個虛幻的身體的確會死亡，因此要牢記死亡、持續修行；儘管你體驗了離念的法性，但是要繼續保持菩提心；儘管你已得到了法身的果，但還是要與你的本尊爲伴。

儘管法身別無他處，但仍要去追尋眞實義；儘管佛果非於他處，但仍要將你所造的任何善根，迴向給無上正覺；儘管所體驗的一切全都是本覺，然而切莫讓你的心偏歧到輪迴中。

儘管自心的體性即是覺者，但始終都要崇敬本尊和你的上師。儘管你證悟了大圓滿的本性，但是不要離棄你的本尊。那些不如此做的人，反而愚蠢地說著自誇之詞，這只會傷害三寶，而且甚至連一剎那的快樂都找不到。

上師說：人類從不去想死亡這件事。人的一生就像是一堆草秣粗糠，或是山間狹路上的一根羽毛；閻魔王死神會倏然到來，如同一場突發的雪崩與暴風雨一般。煩惱猶如著火的稻草，你的壽命就像落日的影子一樣衰滅。

三界一切有情眾生，讓自己被自身創造出的憤怒黑蛇所糾纏，他們用自己所創造出的欲望紅牛角刺穿自己，讓自己被自己創造出的黑暗無明所遮蔽，他們把自己監禁在自己創造的自大斷見懸崖上，他們讓自己創造出的妒忌騙子毀滅自己。人們毫不覺察自己並沒有從煩惱的五條險路中脫身，他們無所不用其極，就只爲了經歷此生輪迴式的歡樂。

此生在短暫的片刻中交錯而過，但是輪迴卻是無止盡的。來生你又將會做什麼呢？而且也沒有人能保證此生壽命的長短：死亡的時辰是如此不確定，就像死囚被帶往斷頭台一般，每踏出一步，你便更加接近死亡。

一切眾生都不能永恆留存，皆會死亡。你難道不曾聽說，過去的人們已死亡了嗎？你難道不曾見過任何親戚死亡嗎？你難道沒有留意到我們都會衰老嗎？即便如此，你仍舊不去修行佛法，反而將過去的悲慟悉皆遺忘；你不去懼怕未來的苦難，反而還輕忽下三道的痛苦。

你被一時的境遇所追獵，被二元執取的繩索所繫縛，欲望的河流將你耗盡，你身陷輪迴的網縵中，被成熟業果的牢固桎梏所禁錮——即使在佛法的潮水接近你時，你仍然攀執於散心消遣，而且總是這樣漫不經心。難道死亡不會發生在像你這樣的人身上嗎？我悲憫所有以此方式思考的有情眾生！

上師說：當你把死亡的痛苦牢記於心時，你將會清楚了解到，一切活動都是痛苦的成因，因此，放棄這些活動吧。要切斷所有的束縛，即使是最微細的束縛都要斬斷，以空性的解藥在靜僻的蘭若處禪修吧。大限到來之時，其他什麼都幫不了你，所以，努力修行佛法吧。因爲佛法是你最好的伴侶。

你的上師和三寶是最好的護衛者，所以誠摯地皈依吧。修持佛法對你的心境是最有助益的，要記住你曾經聽聞過的佛法，因爲佛法是最值得信賴的。

無論修持什麼法教，都要將昏昏欲睡、呆滯以及懶惰的感受加以捨棄；反之，要披上勤奮精進的盔甲。不管你領會了什麼法教，切莫讓自己遠離此法教的意義。

蓮花生大師又說：如果你想修持眞實的佛法，就要這麼做！要將上師的口訣教授牢記於心。不要讓你的體驗變得概念化了，因爲那只會使你產生執著或是憤怒。無論日間或夜間，都要深入觀照你的心。倘若你的心續中有任何不善，都要從心靈深處由衷地放棄這個不善，而去追求善。

此外，當你看到別人在做惡，要爲他們感到悲憫。你會對某些特定的感官對境感到貪愛或是嫌惡，這種情況是完全可能發生的；放棄那樣的感受吧。當你對某些吸引人的事物感到戀執，或是對某些令人厭惡的事物感到反感時，要了解那是你自心的迷惑，只不過是奇幻的幻相而已。

當你聽到悅耳或不悅耳的話語時，要了解這些話語是空無實質的鳴響，猶如回聲一般。當你遭遇嚴酷的不幸與苦難時，要了解這些經歷都是暫時的事件，是一種迷惑的經驗。要認知到固有本性從未與你分離過。

獲得人身是極爲困難的，因此知道了佛法的存在後，卻輕忽佛法，是非常愚蠢的。只有佛法能夠幫助你，其他的一切全都是世俗的欺妄罷了。

上師又說：有著較低劣業力的眾生，將目標投注在世間的顯赫與虛榮上，行一切事時，完全不會想到業力會成熟。未來的苦難會比現在的苦難持續得更久，因此要對三界有情眾生心懷慈母般的愛與悲憫。要與菩提正覺心穩定地長相爲伴。要遠離十不善，常行十善。

莫將任何有情眾生視爲敵人，這麼做只是你自心的迷妄困惑罷了。不要透過謊言與狡詐手段來尋求食糧，雖然這一世你的肚子會飽滿，然而來世你將會背負沉重難受的重擔。不要忙於生意以及賺取利潤，一般來說，這只會使你自身和他人散亂分心。要淡泊財富，因爲它會有害禪修及佛法修持。

只看重食糧是造成散亂的原因，因此只要修行上的供給品足夠養活自己即可。不要住在會引發貪愛與瞋怨的村落或地區；當身體處在僻靜之處時，心也會安居靜處。要捨棄無益的閒聊並少說話，如果傷害到他人的感受，雙方都會造作出惡業。

普遍說來，一切有情眾生毫無例外地都曾是你的父母，因此莫要允許自己感到愛執或是懷抱敵意；要將心維持在平和的狀態。要捨棄憤怒和粗暴刺耳的話語，而是要帶著微笑的面容來說話。

即使犧牲自己的性命，也報答不了父母的恩情，因此無論是思想、語言以及行爲，都要保持尊敬。善德與邪惡的產生，皆來自於所感知的對境以及同伴，因此，不要和行惡者爲伴。不要在人們對你抱有敵意、或者會助長憤怒和貪愛的地方逗留；如果你這麼做，只會增加自身以及他人的煩惱罷了。

要待在心境感到自在的地方，如此，你的佛法修持自然會有所進展。逗留在自己極度戀執以及厭惡的地方，只會讓你散亂分心。待在會讓你的佛法修行成長發展的地方吧！

如果你變得自負，善德便會退失，因此要戒除妄自尊大、輕蔑他人。如果你變得灰心喪志，要安慰自己、做自己的忠告者，於道上再次啓程。

上師說：你若想要真實地修行佛法，就要去行善，即使是最微小的善行都要去實行；要棄絕惡行，即使是最微細的惡行也要捨棄。最廣大的海洋是由點滴之水匯集而成的，即使是須彌山和四大洲也是由微塵原子所組成的。

無論你的布施是否像顆芝麻籽般渺小，都無關緊要。如果你帶著悲心以及菩提心來布施，便會成就百倍的功德；如果布施時沒有菩提心的志向，就算分送了馬匹與牲口，你的功德也不會增長。

不要沉迷在諂媚奉承、非真心的友誼中。思想及行爲都要保持誠實；最首要的佛法修行，就是在思想與行爲上保持誠實正直。佛法修行的基礎有賴於清淨的三昧耶、悲心，以及菩提心；密咒三昧耶、菩薩律儀、聲聞的戒律全包含於此中。

上師說：把你的食糧供給和財富都用在善行上吧。有些人會這麼說：「大限到來時會需要財富。」然而當你被致命的疾病擊垮時，無論身邊有多少幫手，你也無法用錢把這痛苦分攤出去；如果你沒有這些，這個痛苦也不會變得更大。

在那個時候，無論你是否有助手、僕人、隨從和財富，都沒有任何差別。這一切都是造成執著的所有成因。執著綑綁著你，即便是對本尊及佛法的執著都會束縛住你。富有的人對自己擁有的成千兩黃金的愛執，以及窮人對於他的縫衣針線的愛執，同樣都會束縛人。現在就捨棄會阻擋通往解脫之門的執著吧。

在死亡之時，無論你的屍身是用檀香木的柴堆燒毀，或是在人煙渺茫之處被禽鳥和狗兒吞食，其實都是一樣的。你會繼續前行，而一路相伴的將是你生前所做的一切善行或惡行。你的惡名或是好評、你所積存的食物和財富、所有的助手和傭僕，全都會被留置身後。

死亡的那一天，你會需要一位殊勝的上師，因此趕緊找到一位上師吧。沒有上師，你是不可能覺醒證悟的。因此，去追隨一位具格的上師，成辦上師所指示的一切吧。

上師又說：未來時代追隨蓮花源（Padmakara）之語的幸運人們，朝這兒仔細聆聽吧！首先，在道上修行時，你必須精進努力。因爲過去你將所有心神放在迷惑經驗中如此之久，無數劫以來，你所做的一切都在迷惑中偏離了正道，如今獲得人身，你應該要在此時切斷這個迷惑欺妄。

一切有情眾生都被阿賴耶無明分（ignorant all-ground）的黑暗所蒙蔽。當二元相對的經驗生起時，這種經驗會透過對二元的執取而變得固實起來。無論有情眾生在做什麼，他們所做的一切皆是悲哀的行爲。六道眾生的迷惑囚牢是多麼牢固。

獲得一個人身是極爲困難的。雖已得到了人身，卻只有少數人聽過佛的名號；聽過佛的名號之後，也只有極爲稀少的人會感受到信心；而即使感受到信心，進入佛法後，許多人還會像是頑固的野獸般，毀壞自己的三昧耶與戒律，往下墮落。看到這些有情眾生，菩薩感到異常絕望，而我，蓮花源，則感到無限哀傷。

措嘉，在佛陀教法住世之地，即使得到圓滿人身的人們，無數生以來已積聚了無邊功德，他們卻仍然經歷著六道有情十足的業力。

其中有某些人聽到佛的功德特質時，由於被貪著與瞋念所激之故，還擔心他人也會對佛功德感興趣，因此在他們成為佛陀教法追隨者的一份子後，竟還擔心輪迴會耗竭。這種貪著與瞋念即是地獄的種子，這些人來世將會投生到完全聽不到三寶名號的地方。

生在現代或是出生在未來，並能正確聽聞蓮花源話語的人們，以下就是你們應該做的事：為了好好利用你已獲得的人身，你需要殊勝的佛法。那些執著且渴望世間聲望和名聲、卻沒有實在修行佛法的人們，不過屬於動物當中的最高層級罷了。

如果你對這一點感到懷疑，你可以仔細思量一下：總是渴望或掛念著身體的安適、掛念著身體能否繼續存活、掛念個人的勝利功績、掛念個人至交的得益受惠、擔憂個人的仇敵會得到仁厚的回報，這些全都是世間人所具備的心思；而天空中的鳥、地上的老鼠、住在石頭和岩石下的螞蟻，也全都擁有同樣的心思，一切有情眾生都有這樣的掛念渴求。

想要比其他眾生少一些傷害自己的敵人，只能算是動物中的最高層級而已。若眞想修行佛法，就必須捨棄對「地方」的執著，你的家鄉即是愛執與憤怒的出生地。

只要存放一些方便取用和攜帶的食物及財產就可以了。要確實這樣做，直到你已拋棄對食糧和穿著的貪著爲止。不要保存那些會讓你散亂分心的財物。要去尋找一處粗魯無理之人不會常常出入的地方，要謹守食糧僅足夠簡樸地養活自己的生活形態，遠離友伴地隱居起來。

首先，要淨治你的罪行；接下來，要直觀你的心。心的自然狀態不恆常，但卻投射出心念，這就證明了心是空性的。所投射的心念無阻礙地生起，這就是自心的覺知明性。莫要追逐心念的投射，也不要攀執此認知明性。放鬆你的注意力，並認出心的體性後，你本然的覺性（本覺）便會顯明爲法身。

時而要做一些淨除障礙以及增上的修持，如果你能以此方式跟隨我的遺教，那麼你就會在當下此生達到持金剛的境界。

措嘉，大約在釋迦牟尼教法終末之時，將會出現某個有著暗褐色憤怒形貌的人；因爲此人的緣故，你要把我的這些話語藏進褐色犀牛皮製的小盒中。

上師如此說道。

烏迪亞納的蓮花生大師，傳名爲《寶釘》的遺教，就此圓滿。

這是長了禿鷹羽毛的持明者——仁增·果登，在朝向東方的白色珍寶埋藏物中所掘出的伏藏法。

三昧耶，封印，封印，封印。

願一切轉爲善。

願一切轉爲善。

願一切轉爲善。

吉祥圓滿

2 對赤松德眞的忠告

奇異哉！上師蓮花生受赤松德貞國王之邀，去淨化一塊建築地，建造「吉祥無盡願，任運圓滿成」的桑耶寺。之後，在進行開光儀式時，國王邀請身著暗褐色織錦披風的上師，坐在位於上方中央廳堂的絲織軟墊寶座上。赤松德貞用米製的酒敬侍上師，左右手上各放了裝滿酒的金銀高腳杯。國王供養了種種物品，將一腕尺大小、以松耳石製成的花，以七珍的方式排列在金製的曼達盤上。國王從自己的頸上，拿下一個名爲「閃耀瑪盧」的松耳石飾物，置於其上象徵太陽；又拿下另一個名爲「坎盧無上密意」的松耳石飾物，擺放於上象徵月亮。他在黃金曼達盤上配放了其他珍貴寶物，作爲須彌山和四大部洲的象徵，並配合著讚頌詞，把這個曼達供養給上師：

非依憑父親和母親所生，您的化身相自蓮花中出現，

此化身以切斷生死之流的金剛身，感化著眾生。

透過無束縛的無垠體證，您向具器堪配的人們揭示了佛心。

嫻熟於種種方便來調化，您將高傲的神靈惡魔繫縛於誓言下，

擁有三身圓滿的事業之故，您的化身相更勝於其他諸佛的色相示現。
我向金剛頂顱鬘的蓮花相頂禮，並以虔敬來讚頌您。

雖然您在受用五根欲樂時，沒有任何執著或貪戀，
但是您卻以悲心接受五欲之樂，使得一切眾生能造作功德。
當我向您祈請賜予無上深奧之義時，請仁慈地眷顧我！

上師回覆說：「國王陛下！您歡喜我現在的色相示現嗎？」國王回答說：「是的，我很喜歡。」然後繼續說道：

無有四大種之疾，超越生也超越死亡，
您具有高潔的悲心，爲著眾生的利樂而行，
您的心以法性的固有本質恆久安住，

是的，我歡喜您的體相，眾生的怙佑主！

然後上師說：

你應該知道，行者的上師
甚至比此劫中的千佛更加重要。
爲什麼呢？因爲此劫中的諸佛
都是追隨上師之後才出現的。
在上師存有之前，
「佛」這個名相也未曾存在過。

接下來並說道：

上師是佛，上師是法，
同樣的，上師也是僧；
因此，上師是三寶的根本。
無須再崇拜其他的，
盡力地侍服你的上師吧。
若能使上師歡喜，你便會領受到所求的一切成就。

然後，國王向蓮花生大師詢問：偉大的上師，當我們想要從因位來成就果位、佛果時，對一位有情眾生而言，首先，了悟的見地顯得格外重要。但「擁有了悟的見地」又是什麼意思呢？

上師答道：一切見地的頂峰，即是正覺心的菩提心精髓。廣大無邊的百萬宇宙世界、十方一切善逝和三界所有眾生的本質皆是相同的，其中，一切的一切皆被含攝於正覺心的菩提心精髓之中。「心」，在這裡指的是從無生之中生起的種種不同展現。

然後你可能會問：「佛與有情眾生的差別是什麼？」這無非就是了知或不了知自心的差別。覺醒的境界或佛性就存於你內在，然而你卻不認識它。眾生因為不認識自己的心，走岔了路，因而進入了存有的六條川流之中。接著你可能還會問：「那麼，了知心的方法又是什麼？」若要認識自心，經典中教導，你會需要上師的口訣。

關於這點，我們說，「心」即是思考者與辨識者，的確是有某種經驗者。不要在外界尋找此心，要往內觀照！讓自心來尋找它自己！要對自心本性的實況達到確信！

心最初由何處生起？現在又駐留何處？看看最後心又去了哪裡！當你的心往內觀看心自身時，心發現，心自身並不從任何一處生起，不駐留在任何一處，也不去向任何一方。要解釋「心就是如此這般」是不可能的。我們會發現，無論是內在或是外界，心都是毫無實質存在的。心沒有某個觀照者，心也不是觀看或觀照的行為。體驗這心時，它是廣大的、沒有中央或邊際的本覺；心從本初以來，便是空性與解脫自在的無垠遍處。此本初覺性是本來具有（俱生）且本自存在（自生）的，它並非此時所造，而是從本初以來就存於你自身之中了；而見地就是去認證這點，對此要有堅定的決斷。

對此「具有確信」意指，我們了知到從本初以來，心就如同虛空一般任運顯現；心就像是太陽，沒有任何無明黑暗的基礎；心就像是蓮花，不受任何過失所垢染；心就像是黃金，自身的本質是不會轉變的；心就像是大海，是不移動的；心就像是一條河，永不停息；心就像是須彌山，是完全不變的。一旦你了悟了心的狀態就是如此，並穩固這種了悟，那就稱爲「擁有了悟的見地」。

國王問道：「擁有禪修的體驗」又是什麼意思呢？

上師答道：仔細聽啊，國王陛下！「擁有禪修的體驗」意指讓自心處在無有戲論造作、不陳腐、且鮮活嶄新的狀態中。讓自心安住在其自然、不受羈束且自由解脫的狀態中。不要把自心置緣於外在事物上，也不要專注集中向內，要保持無所緣的狀態。在你俱生本性的大平等性中，讓自心保持如如不動，猶如一盞無風吹動的酥油燈焰一般。

在這樣的狀態中，種種體驗便能生起：你的心識可能會變得強烈滿溢、鮮明或全部中止；或是喜樂、明亮光耀、離念；心也可能會感覺到渾濁、無參照點、或是超出這個世界慣常的模式。如果這些體驗生起了，不要認爲它們有任何特別的重要性，因爲它們只是暫時的經驗罷了。切莫攀執或是固著在這些體驗上！若能如此，這就稱爲「擁有禪修的體驗」。

國王問道：「擁有行持的平等味」是什麼意思呢？

上師回覆說：「行持」在這裡指的是，不間斷地處於禪修之中；儘管實際上並沒有什麼正在禪修的對境，我們也不要分心散亂。無論是行走、移動、躺臥或是坐下時，你都要像溪河川流不息一般，在一切情境中將此牢記於心。「平等味」意指去接納你所看見的、或是任何五根欲樂所展現出的一切，同時認出你的固有本性，遠離任何貪著或攀執；你對任何事物既不取受、也不排拒，就好比到了珍貴黃金島上一般，這就稱爲「擁有行持的平等味」。

國王又問：什麼能讓我們「穿越動念的危險狹路」呢？

上師回答說：禪修安住時，若是有概念想法浮現，無論生起了什麼，這些都是從你自心中生起的。既然心並非由任何實體所構成，因此這些心念本身也沒有眞實的實體。舉例來說，就像是出現在虛空中的雲靄，又消失到虛空一般；心念在心中生起，又消融於心中。概念想法的本性，即是本然的法性。

「穿越危險的狹路」，意思是說，當自心驛動到種種念想之中時，你應該把注意力導向此心自身。就好比小偷進入空屋一樣，空性的念頭無法以任何方式傷害空性的心，這就稱爲「穿越動念的危險狹路」。

國王問上師說：我們如何「對果生起不變的確信」呢？

上師答道：注意聆聽啊，國王陛下！菩提正覺心並非是由「因」所創造的，也不會因爲環境而被毀壞。覺醒心並非由足智多謀的諸佛所造，也非由靈巧的有情眾生所生產。它從本初以來就存於你內在，是你的自然資產。既然心即是諸佛的源頭先祖，因此當你透過上師的口訣認出它時，就好比認出一個你本來就熟識的人一樣。

三世諸佛都是在得到穩固的禪定力之後，相續不斷地實悟上述道理，終而覺醒證悟的，就好比王子登基王位一般。醒覺而悟到這本初以來就自然任運而存的境界，這遠離一切恐懼與脅迫的境界，就稱爲「擁有對果的確信」。

國王問上師說：什麼能讓你「斬除偏歧及過失的綑縛」呢？

上師回覆：國王陛下，無論是懷有希望或是感到恐懼，都是因爲「不了悟見地」的過失所致。覺性的正覺菩提心既不會希冀成覺證悟，也不恐懼會落入有情眾生的存在狀態中。

執著於「有修行者和禪修」的種種概念，是因爲「沒有斬除二元心的投射」的過失所致，你的法性固有本性實是離於戲論造作，其中沒有所謂的禪修對境、沒有禪修者、也沒有需要鍛鍊培養的禪修。

取受或是排拒的心態則是因爲「沒有斬除貪著或執著」的過失所致，自心原本自由解脫且空性本質，既沒有能讓你執著的事物需要完成，也沒有能讓你懷有敵意的事物需要排拒。自心本然的狀態中，並沒有必須取受的美德或是必須排拒的罪惡。

貪著所擁有的事物，是因爲「不了解如何修持」的過失所致。無論是作什麼樣的修持，就是要遠離所緣和執取，並且要了解，貪著與執著其實沒有所依基礎與根本。

若將以上所說濃縮為單一句話：見地即是遠離確信或定見（conviction）①，禪修即是不要把心置緣於任何事物上，體驗是要離於回味，而果則是要超越獲取。三世諸佛過去、現在和未來的教導，都不可能有別於這些內容，這就稱為「斬除歧路及過失的捆縛」。

國王問上師說：「淨除確信或定見的過失」是什麼意思呢？

上師答覆說：即使你已了悟自心是佛，也不要離棄你的上師！即使你已經了悟顯相即是心，也不要中斷緣起有漏的善根！即使你並不希求佛果，還是要崇敬殊勝的三寶！即使你並不恐懼輪迴，但是連最細微的罪行都要避免！即使你已經對自心本性有了不變的確信，也不要輕視任何心靈教示！即使你體驗到了三摩地的功德特質、較高深的境界等等體驗，也要戒絕自滿與自負！即使你已經證悟了輪迴與涅槃是無二無別的，也不要停止對有情眾生持有悲心！

① 其他版本來源說的是「散亂」，而非「確信」。

國王又再提問：「得到確信或定見」指的是什麼呢？

上師答覆道：要確信從本初以來，你的自心就是覺醒的佛果。要確信一切現象都是自心的幻變展現。要確信「果」就在你內心，不會在他處尋獲。要確信你的上師就是佛自身。要確信見地與禪修的本質就是諸佛的了悟。為了得到如此的確信，你必須修持！②

國王又再問道：「擁有口傳的傳承」是什麼意思呢？

上師回覆道：透過加持的善巧方便，普賢王如來將這些秘密言教傳釋至金剛薩埵耳中，金剛薩埵將這些密語傾注到嘎惹多傑（Garab Dorje，勝喜金剛）耳中的小盒裡，嘎惹多傑又將這些密語託囑於師利星哈的心間，而師利星哈則將這些密語賜予給我，蓮花生。赤松德眞，把這些密語保存在你的心靈深處吧！③

上師指示國王：國王陛下，除非你證悟了法性的無生本質，否則，即便生為君王之身，生命的流逝也如同水中泡沫一般。

除非你體驗了超越念頭之法性的固有本質，否則，當你那如彩虹般毫無實質的王國和世間權力褪微和消逝時，你將會受苦。

除非你與自生本覺長相爲伴，否則當你離開此生時，你將無法斬斷自己對后妃、僕從以及臣民們的執著，而這些人只不過是一趟旅程中被留諸身後的熟識者罷了。

除非你已嫻熟於見地和禪修的本然境界，否則你將會從一世輪轉到下一世，就像在水車的輪圈上一樣，於出生時進入，在死亡時離去。

除非你以寂靜和平的眞理來治理你的王國，否則嚴苛的律法就如同一棵有毒的樹，將會摧毀自身。偉大的國王，我懇求你以符合佛法的方式來統治王國！

②《上師密意集》這個版本說：要藉由如此的確信來修行！

③《上師密意集》這個版本在此處不只是少數用字上的差異：「普賢如來的這些秘密言教對大家來說，並非是普通常見的知識。擁有強烈虔誠之渴望的人們，自然而然會了悟本初智慧心的廣袤無邊，因此這些人不需計算串線上的念珠（傳承上師），就會領受到傳授的指令。既沒有信心也沒有虔誠心的人，以及不修持的人，就算追隨九種傳承，卻不曾擁有過任何傳承。國王陛下啊，要在你心靈的廣袤無邊之中，穩固那含攝著修行體驗的強烈虔誠渴望！」

上師還教導國王：國王陛下！在這個時代的終末，人們渴求殊勝的教法，卻不會了解這些法教。許多人並不遵循佛法言教，卻自稱是修行者。那時將會出現許多說大話的人，但成就者卻非常稀少。當佛法在中國、西藏和蒙古消失，如同鎧甲碎裂一般，那時的人們將是難以調伏的。在那個時候，我們必須以這些教法來守護佛法，所以你現在必須以伏藏的方式封存這些教法。

國王陛下，在你最後一生，你將會值遇這些教法以及那些保護佛法的人，那時你將會止息再生之流，並進展到持明者的位階，因此現在先不要弘傳這些教法！

國王十分歡喜，供養了一個黃金曼達壇城，並做了無數次的頂禮和繞行。

寶藏印。

埋藏印。

囑咐印。

3 小乘大乘無牴觸

赤松德真國王供養了一個黃金曼達壇城給偉大的蓮花生大師，然後說：眞是奇異呀！殊勝的上師，我懇請您教導一些可以揭示出小乘和大乘並無牴觸的修持之道。

上師答覆說：奇異哉！偉大的國王，一再以具有福德的暇滿人身而生爲國王，是非常稀有難得的，因此，要好好統理佛法王國，這是最重要的。

你可能會設立嚴峻的規則來管束世俗的種種活動，但這會對一切眾生帶來傷害，因此培養菩提心才是最重要的。

你可能會以極大的愛戀心珍視這個虛幻不實的身體，但是，死亡到來的時間其實是不確定的，你的白髮和皺紋，就是死亡的徵兆，因此，要生起厭離心，要努力學習療癒之道，即修持佛法，這點非常重要。

讓我們得以進入解脫之道的成因，是保持羞愧心與謙遜心，並避開惡行，因此，遵守戒律，不損傷律儀，這是很重要的。

有情眾生是悲心的對境，因此，在面對新認識的人們時，要摒除偏見。要帶領你所有的隨員、臣民和親屬走向佛法，並支持他們，這是很重要的。

我們怎樣也不可能積蓄「充足」的用品，好比食物和財富等等資具，因此，要讓這些資具爲佛法所善用，不要讓它們變成仇敵和鬼魔的食糧而浪費了。

沒有信心和虔敬心，我們便領受不到口訣的心要，因此，要以信心、虔敬心和信賴來崇敬和承事傳承上師，這是很重要的。

上師能爲你揭顯你自身即具有的佛果之智，因此，要向持有口耳傳承的上師請求口訣，並用口訣加以實修，這是很重要的。

你若是讓自己的身、語、意維持凡夫平庸的狀態，那是領受不到加持的，因此，要專注保持自己的身即是本尊，語即是咒語，意即是超越概念的本然境界，這是很重要的。

如果你總是從事凡庸的行爲，那麼你的身、語、意將會在這些世間經歷中變得狂野不馴，因此，要善巧地捨棄惡友，不離於山間閉隱，這是很重要的。

你的父母、兄弟、兒子與配偶皆如同過客一般，你們不會一直相聚不離，因此，要捨棄貪著、要節制女伴，因爲這是輪迴的根源，這點是很重要的。

此世一切的成就、名譽和聲望，是散亂與障礙的成因，因此，要捨棄對此世的全神貫注，並與世間八法完全斷絕關聯，這是很重要的。

你現在所有的體驗，各種不同的快樂與苦痛的感受，都是膚淺與不眞實的，因此，要認出一切顯現與存在的現象，都沒有所謂「獨立的存在」，它們就像是神奇的幻相與夢境一般，這點是非常重要的。

心就如同一匹未馴服的馬兒，狂野地奔跑在牠歡喜的任何地方，因此，要時時提醒自己保持正念覺察與良知，這是很重要的。

無法被精確指出方位的自心本性，其本身即是本然俱生、自生自存的本覺，因此，要深入觀照自己，並認出你的本性，這是很重要的。

想要緊握住心的時候，（會發現）心並不持續，因此，要由內在去放鬆身與心，同時保持對自心本然境界的覺知，這點非常重要。

一切減損和增建都是心念的雙重迷妄，因此，要放鬆那繁亂衍生的種種思想活動，同時讓心念於其本然境界中解脫，這是很重要的。

一切求取成就的努力和企圖被野心的繩索繫縛著，因此，要讓你的想法於原處清淨，遠離蓄意努力與野心，這是很重要的。

心懷希望或恐懼時，是不可能成就佛果的，因此要確信，自心的空性與無生本質超越了「要獲得佛果」和「會墮入輪迴」此兩者，這點是非常重要。

奇異哉，仔細聽啊，國王！你若能這樣去修行，就不會覺得大乘和小乘之間、密咒乘和性相乘之間、或是因乘和果乘之間，有著任何矛盾牴觸。因此，偉大的國王啊，將這點牢記於心吧。

偉大的國王，在這個時代的終末，你將切斷再次投生的相續之流並結束輪迴。佛果的本覺將於你內心展現顯露，你將不停息地成辦眾生的利益。將這些教法當作珍貴寶藏一般埋藏起來吧！

聽聞了這則生起次第與圓滿次第雙融合一的建言之後，國王十分歡喜，做了許多的頂禮與繞行，並且灑了許多金粉。

以上即是有關重要建言的口訣，它與所有乘別都無有矛盾牴觸。

寶藏印。

埋藏印。

囑咐印。

4
甘露金鬘

頂禮偉大的上師蓮花生！以「烏迪亞納的蓮花生」而爲人所知的他，是三世諸佛的化身，是擁有不可摧毀之遍知的偉大持明者，他受到西藏統治者赤松德真國王的迎請而來到西藏。當他駐錫此地時，我，措嘉，以伴侶和侍者的身分來承事他。有一回，當我們停留在霄投的堤卓洞穴時，上師爲我直指心性，讓我認證了《大圓滿最密無上心髓》的意義，我透過直接體驗的見地，對本然境界有了定解確信，不再留有任何假設揣想。爲之感到如此震攝感動，我，卡千的公主，如此問道：

奇異哉！偉大的上師，既然《密咒心髓》的一切要點，都包含在體性、自性以及悲能三個要項當中，那麼，此三者是否也會出現任何偏頗背離的狀況呢？

上師說：措嘉，你這個問題問得眞好！《最密心髓》的一切要點，的確涵括在體性、自性與悲能當中；行者若是無法了解這些，便會步入偏頗的歧途。加以解釋的話，其中還包括四個要點：偏歧的方式、已偏歧的徵兆、偏歧的缺失，以及偏歧的後果。

第一點是「偏離體性」的方式。一般來說，「體性」指的其實就是你無二元覺性的本然狀態，亦即無有戲論造作、鮮活不陳腐的明覺。從本初至今，這個覺性一直都是「非由何物所成的空性覺知或認知」。若非屬上述狀態，卻訓練自己將覺性「想像」爲空性，那麼行者便是沒有遠離「攀執空性」的概念心；如此，行者便步入了所謂「斷邊空性」的歧路中。

已偏歧的徵兆是，行者會開始發表此類言論，諸如：「上無諸佛，下無眾生！既然事物不存在，因此一切皆空空如也！」

這類偏歧的過失，便是會產生「一切皆空無」的概念想法。這樣的心態會使你捨棄諸如虔敬心和淨觀、皈依和菩提心、慈愛與悲心的種種心靈活動，你反而會涉入世俗事務的追求。由於與罪惡產生關聯，這樣的心態使你放蕩地投入於不善行爲之中。以這種扭曲眞諦的方式來行動的人，除了墮入金剛地獄之外，無他處可去。

由於曲解了「善」的眞諦，這種瘋狂修行的結果，就是投生爲斷見持有者；由於曲解了因果的眞諦，你倉皇地掙扎於苦痛的海洋中。

措嘉，有許多人聲稱他們已了悟空性，但其實只有極少數眞正了悟究竟的本然境界。

此處，關於「自性」這方面，也有落入偏歧的四個要點，其中第一點是「偏離了自性」，陳述如下。空性明覺之自性光輝光燦地展現爲三身與五智，這並不是說三身有著具有臉孔與手臂的身體形式，也不是說五智帶著色彩，也不由任何有限之屬性所組成。空性的自性光輝，就只是與空性無二無別的覺知或認知特質；而無法認出具覺知力的空性，其實是雙融一體，就稱爲「明覺偏歧爲（二元）的感知」。

行者落入這類偏歧的徵兆，就是會以極端的方式來解說所有佛法名相。就算是教導或被教導了描述這雙融無別的種種辭彙，他的心還是無法理解此中要點。

這類偏歧的缺失就是，將所感知客體執以爲實的概念心，使得你無法了解唯識的教法。若是對哲學派別有著強烈的執著堅持，你便會與那通往遍知（正覺）的道與次第分離。執著於所感知者爲堅實的實存物的人，是不可能步向解脫的！

以此方式落入偏歧的結果是，於外，我們會因爲將有所展現的明光誤以爲是實體，而投生到色界等處；於內，這種偏頗的心態，認不出覺性即是空性的覺知，肯定不會是通往解脫的成因。

措嘉，許多人宣稱他們已經認出明光，但是只有少數人眞正嫻熟覺空一體的境界！

此處，關於「悲能」也有四個落入偏歧的要點，其中第一點是「偏離悲能」的方式。在本質上，無論種種心念如何展現，這些從覺性中展現爲空性覺知之自然光輝的心念，除了是空性的覺性之外，再無其他。無法了解這點，就稱爲「偏離空性明覺」。

已落入這種偏歧的徵兆就是，我們的思想、語言和行爲，開始深陷此生的（世俗）事物中。

這類步入歧途的缺失就是，這樣的概念心態，即心念的顯現尚未明現爲法身時，會將你捆綁在一切起心動念的羅網中，因而麻痺了你的心靈修持。你潛在習性中主要的負面習氣，會使你只想汲汲營營於此生的目標。如此被困在二元迷惑的枷鎖裡，你已將自身緊緊圈鍊於希望和恐懼之中。

以此方式落入偏歧的結果是，由於無法認出念想的偏頗，因而使習氣變得堅硬固實；由於沒有憶持因果的必然法則，而將自己的生命耗費在散亂迷惑中；而且，死亡到來之時，你便會步入歧途，進入三界之中。

許多人宣稱自己遠離了念想，但只有少數人眞正了解「念想生起即解脫」的要點。

明妃措嘉又問：不斷除這三種落入偏歧的方式的話，實爲無義可惜，那麼我們又應如何轉化這些偏歧的方式呢？

上師答覆：措嘉，明覺的空性體性並非由任何人所創造，明覺之空性體性也非由因和緣所生，是本初以來就有了。不要試圖去改變或修正明覺，就讓明覺保持其如實的狀態吧！如此你將免於偏歧，並在本初清淨的境界中覺醒。

同樣的，你的覺知本性自本初以來，便與空性不可分地任運現前。它的表現或展現，這個無論生起什麼都不受束縛的能力，並沒有實質的存在。要認出〔明覺的〕三面向其實是廣大不可分的一體，這樣你便會以三身不可分的狀態覺醒。

明妃措嘉又問：何謂偏離了見、修、行呢？

上師答道：仔細聽著，措嘉！首先，第一項主題「見」的部分有五點：見地本身的偏歧、居住處所上的偏歧、友伴上的偏歧、煩惱所造成的偏歧，以及偏頗一邊的偏歧。

第一點是關於見地本身的偏歧：佛法的一般見地，認爲空性超越了邊際之限，但是在此脈絡中，心滴瑜伽士則承許空性是直接的實相。當你眞正地、究竟地達到證悟時，空性和對實相的體驗兩者是無二無別的；但是如果你沒有眞正地、究竟地證悟，那麼這個一般性的概念假設見解，便無法決定爲眞實義，這種情形就是見地上的根本偏歧。當你對實相的見地沒有信心，反而將語言表述的假設見解以爲是究竟義的時候，你會發表諸如下述這類言論：「一切都超越了參照點、非創造、且遠離邊見！」你善惡不分地行一切事，發出以下這類言論：「根本沒有所謂的善與惡！行善不會得到利益，惡行也不會造成什麼傷害！一切都是自由且相同的。」如此一來，你仍舊是一個凡夫。這就稱爲「暗黑彌佈的邪見」，是所有見地偏歧狀態的根源。

措嘉，如果你想要避免走向這樣的歧途，（就應該知道），對實相無二元的本然覺知之見地，與深奧因果的行止是不可分的，要本著這樣的了解來行一切事，這點異常重要。

第二點是居住處所上的偏歧，這類教示一般都說：那些對見地生起暫時了悟的人，若想圓滿見地的究竟了悟，就應該前往隱蔽的空曠處，例如山中隱居處或是墳場。你或許暫時生起了見地，但是爲了滋養你的見地，你必須待在山中隱居處。因爲一個有害身心的居住地，可能就會使你的見地步入歧路。

措嘉，如果你想要避免走向這樣的歧途，就要在山間隱居處滋養維續你的暫時見地！

第三點是友伴上的偏歧，這類教示通常都說：暫時具有見地的人，應該結交相符於佛法而且不會助長煩惱的友伴。若是與有害身心的友人爲伴，你不可避免地會受到他們罪惡行徑的影響，而那是步入歧途的根本，因爲這會讓你去追逐此生的目標、阻礙你持續滋養見地，也會增加你的煩惱。

措嘉，如果你想避免走向這樣的歧途，就應該切斷這些非必要的友伴關係，並長住於靜僻蘭若處！

第四點是煩惱所造成的偏歧，暫時具有見地的人是無法完全克服煩惱的，行者會因爲種種外在情境而捲入煩惱之中。捲入煩惱時，即便只有一瞬間，也造作了「業」。如果持續煩惱了一段較長時間，你就會造作惡業；也就是說，五毒會在六種感知的每個感知當中，造作出負面業力。你遲早都會得到果報，因此，無論感受到什麼煩惱、無論什麼煩惱使你的注意力鬆懈下來，你都必須立刻有所覺察。一切有情眾生皆因自身煩惱之故而造作（惡）業，因此要訓練自己對其生起慈心與悲心。要向你的上師祈請：「請加持我能將煩惱作爲道用吧！」每天都要以淨化煩惱種子的咒語來訓練自己，最後放鬆安歇進入見地的境界，並以迴向和祈願來做結行。

如果能如此修行，好處是你將會得到暫時與究竟的果報；但是如果不這樣修行，你便會陷入煩惱的泥沼中，而且無法圓滿見地，這就是偏離正途最嚴重的根源。

措嘉，如果你想要避免步上這樣的歧途，就要用對治法來對治你感受到的煩惱，如此以之作爲道用！

第五點是偏頗一邊的偏歧。即使是暫時具有見地的行者，都還是會落入一種偏頗自宗哲理思想的狀態。他們從典籍中引證，帶著偏頗一邊的心態和成見，在自他、高低之間做著分別。這樣的根本偏歧就是試圖用凡夫的概念心去度量諸佛廣大無邊的見地，對之加諸種種概念設想。

措嘉，如果你想要避免步上這樣的歧途，就要眞實認證解脫的廣大無邊見地！

第二項主題是有關禪修上的偏歧，其中也分爲五點：禪修本身的偏歧、禪修處所上的偏歧、友伴上的偏歧、來自錯誤禪修的偏歧，以及煩惱所造成的偏歧。

第一點，禪修本身的偏歧：這是指弟子無法了解上師所指出的直接實相；接著，弟子便因爲混淆了體性、自性與悲能的眞義，以及無法認出這三者是不可分的空性與覺知，而偏離了正途。

更進一步解釋這點：在按照自己上師的口訣教授方式來修行之後，如果反而對身體與心靈的純粹樂受產生執取心，你將會偏離正道而投生爲欲界的天人或人類。如果你貪著那種純粹無念之心的狀態，你便會偏離正道而成爲色界的天人。如果你著迷於清明和無念的狀態，你便會偏離正道而成爲淨居天的天人。如果你貪著樂和離念的話，你將會偏離正道而成爲欲界的天人。如果你著迷於空與離念的狀態，那麼你會偏離正道而成爲無色界的天人。由於這些狀態，你便偏離正途而進入三界。

如果你阻斷了感官對境之流，你便會偏離正道而進入空無邊處。如果你阻斷了感官知覺，猶如熟睡一般，那麼你會偏離正道而到無所有處。如果在覺知仍然鮮活的時候去阻斷所感知之對境，那麼你便會偏離正道而進入識無邊處。當你對自己的無所感知仍有所意識時，仍憶持著微量的樂受，你便會偏離正道而進入非想非非想處。這些就稱爲「落入一邊的奢摩他之中」，當你死去、流轉中陰時，便會繼續在三界六道間輪迴。

措嘉，不必要再墮返輪迴，因此，要斷除這愚癡禪修的偏歧！

此外，如果你相信凡夫看待事物與心的方式，你便會偏離正道而落入唯物的凡夫心之中。如果你認爲物與心是眞實存在或是不存在的，你便會偏離正途而成爲常見或斷見的外道邊見者。如果你相信事物是「有別於心而存在」的，你便會偏離正途而成爲聲聞或是獨覺辟支佛行者。如果你「主張種種感知就是心」，你便會偏離正途而成爲唯識派的追隨者。如果你相信世界與眾生就是本尊，你便會偏離到密咒（乘）之中。如果不了解如何斷除這些偏歧，禪修又有何用處呢！

那麼，請賜給我斷除偏歧的方法吧！明妃措嘉請求。

上師回覆說：措嘉，如果你想要避免落入這樣的偏歧的話，首先要有廣泛深入的學習；其次，要專注學習直指心性的教訣；最後，在眞正實修直指教訣時，要了解上述所謂的偏歧，指的其實就是對禪修的執著與攀附。「如兔睡鷹巢」的禪修比喻，或是以弓箭手的專注力的禪修比喻，這些狀態都不眞正是解脫的成因。無論你有什麼暫時的體驗，只要純然地放鬆且如實地感受或浸淫在這些體驗中，不要企圖去改善或是改變、不要懷著希望與恐懼、不去取受也不去排拒。當你對所體驗的一切都遠離了耽執時，就沒有了會讓你偏離正途的成因。

第二點要教導的是關於禪修處所及結交友伴上的偏歧，行者應該在具備正確特質的處所受訓。如果你待在會令人散亂分心的寺廟，或是會讓煩惱網縵更加糾葛的地方，因爲道德上的染污，以及所受到的供養，你的貪念和瞋念會使你屈服。和那些有害身心的友人爲伴，會阻礙禪修上的進展，而且就像是爲自己購買毒藥一樣。

措嘉，如果你想要眞實地修行佛法，最重要的一點就是去斬斷與有害身心的處所、友伴等等的關係。所以，戒絕這些處所與同伴吧！

第三點是關於來自錯誤禪修的偏歧。當你試著要維持禪修境界時，你可能會經歷昏沉、掉舉不安，以及散亂[1]三類。

第一類是昏沉，又分爲六種：處所造成的昏沉、友伴造成的昏沉、時間造成的昏沉、食物造成的昏沉、姿勢造成的昏沉，以及禪修產生的昏沉。

---

[1] 此處的「散亂」，意指變得分心並喪失了正念覺察。【英譯者艾瑞克．貝瑪．昆桑】

一、會發生處所造成的昏沉，是因爲行者的駐留處是低地的森林或峽谷，或是在道德淪喪的地區或村落。你內心感到朦朧障蔽，明點變得不清晰，覺知或覺性感覺好似被雲靄遮蔽一般，你覺得睏頓想睡，身體也感覺很沉重。遇到這些情形時，要做淨化儀軌並懺悔。前去廣闊開敞的高處；在無雲、天空澄澈的地方做禪修；打開窗戶透透新鮮空氣；想像自己就在一座雪山的頂峰，並已被一陣新鮮的微風吹拂。這些方法都可以去除處所造成的昏沉。

二、友伴關係造成的昏沉，發生在經常和道德污損的人相處，或是與質地不清淨、可能在濫交的伴侶爲伴時。這時，你自己會變得受到染污。若是發生這種情況，要盡力修持成就法和懺悔、淨罪的儀軌。要對違犯三昧耶或是道德品行上有污損的人保持警戒心。要尋求具格的伴侶，幫助他或她接受灌頂，而且不要允許亂交的性關係，這樣便能清除友伴所造成的昏沉。

三、時間造成的昏沉，包括春季或夏季時感覺到迷糊昏昧或睏倦呆滯，這樣的問題可藉著前去雪山或是類似的地方而被淨除。

四、食物和衣服造成的昏沉，包括因他人的食物及污穢的衣袍而感覺昏暗與陰沉遮蔽。

進行修持時，你應該遠離他人的食物和污穢的衣袍，這樣便可淨除此類昏沉。

五、姿勢造成的昏沉，這發生在初學者因爲躺下或諸如此類的姿勢等而變得睏倦呆滯時。在練習禪修的時候，應該要遵循三姿或是金剛（跏趺坐）的姿勢，鼓舞自心，活化你的種種感知，帶著鮮活的明性來禪修，這樣便可淨除此類昏沉。

六、禪修產生的昏沉，這是由於帶著沮喪消沉的心境來禪修，如此一來便會感覺極爲朦朧迷糊和困倦呆滯。要將你目光的視線指向天空，用平衡協調的方式，讓自己靈敏清醒，而且要讓覺知敏銳分明，這樣就會淨除此類昏沉。

道次第的諸種典籍都教授到，昏沉與掉舉皆起因於「無法提起覺知」的過失。措嘉，除非你精進努力，否則禪修的障礙是無法消除的！

第二類是關於掉舉的狀態，又分爲兩種：處所造成的掉舉，以及情境造成的掉舉。

一、處所造成的掉舉發生於當你在清新的高處禪修，你的覺性開始變得活躍明亮，接著你的注意力受到攪擾，於是念頭便開始騷動與散亂。如果你放任自己進入那些攫取注意力的事物中，你就會成爲煩惱的獵物。處理這種情況的方法是，讓你的視線指向天與地的交會點。如果這樣還是無法讓你平靜下來，就運用聲聞行者（向下）凝視的方法，有時要將心專注於一個對境上。夜晚入睡時，一邊想像你的心進入腳底的兩個蛋形的脈連結處內的黑色明點，這是教法之一；但是其實最好是把心專注在密處內的種子字「阿」上。當某個想法突然生起時，要認出這個想法，用「呸」，然後持氣；之後，再全然地放鬆並任其所是。可交替輪流做的是去追蹤思維者（是否存在），然後安住在找不到任何思維者的狀態中，這樣便能清除此類昏沉。

二、會發生情境造成的掉舉，是因爲外在事件發生時，你追逐於某個想法，然後你的心便開始變得激動，並潰散成煩惱。當這種情形發生時，要保持這樣的心態——「無須做什麼、任由其是！」要串習薰養慈心和悲心、醒悟力、方便與智慧，以及虔敬心。接下來便要如培養見地的階段一樣，繼續修持練習，這樣便會解決這個問題。

第三類是關於散亂的過失，又分成兩個部分：由於缺乏了解所造成的散亂，以及情境造成的散亂。

一、缺乏了解所造成的散亂，發生在無論做多少禪修都沒有進展時。這是由於不了解如何將修持切分成不同的座間。你開始跟口訣教授和上師背道而馳，或者由於不了解如何辨別理論和禪修體驗的不同，而讓你變成一位愚癡的行者。

這種情況的解決方式是，祈請你的上師；培養對於口訣教授的確信；將修持區分為不同時段，然後多次重複修持。莫讓自己涉入太多外在活動，要寬坦自在地禪修。當清明的覺受生起時，切斷念頭的紛擾散亂，然後再持續禪修，這樣便可克服散亂，並且增益禪修體驗。

二、情境造成的散亂，發生在某些外在事件使你掉入五毒或是六種感知當中，使你變得散亂分心且失去正念覺察。為了處理這樣的問題，要立刻運用對治法，粉碎對所感知對境的執取，並且視之為神奇的幻相。

措嘉，如果想要斷除這些的偏岐，你便要迎面棒打煩惱！

第四類是煩惱造成的偏歧：嘗試要保任禪修訓練的行者，會遇到為數眾多的敵人與竊賊，也就是自身的煩惱。這些煩惱又可以區分爲五種：瞋恨、驕慢、貪慾、嫉妒和癡迷，從這些根源又生起了八萬四千種煩惱，使得你無法保任於禪修中。這些五毒當中的每一個都會使你捲入這五種煩惱中，讓你更加陷入輪迴。因此要像曾經失去唯一孩子的母親，提高警覺的態度，防止自己因五毒而散亂分心。要像發現腿上有毒蛇一樣地捨棄這些煩惱情緒。要認出這些煩惱情緒，保持正知警覺且正念覺察，接下來便要如培養見地的階段一樣，繼續修持練習。除非以這樣的方式來修行，否則惡業時時刻刻都會被造作出來。

措嘉，如果你想要避免這樣的偏歧方式，便要正確地取受與斷捨，絲毫不離於戒愼警覺，善巧地投身於對抗五毒的戰役中吧！

無論如何，只要你的見地與修行尚未達到穩定，你就應該像隻受傷的鹿一般逃到隱居靜僻處。要像碰到毒蛇一樣，逃離煩惱。

明妃措嘉又再問道：密咒行者不是應該將一切煩惱都以爲道用嗎？

上師答覆說：當然要將煩惱以爲道用！然而，只有孔雀能夠以毒爲食。能夠將煩惱以爲道用而無須捨棄煩惱的人，比優曇缽羅花還要希罕。對於最高根器的行者來說，煩惱會展現爲幫手；然而，對於較低根器的人來說，煩惱卻會變成毒藥。對於較低根器的人而言，斷捨煩惱是比較好的！

要斷捨多少或多久之後，行者才會變成熟練的能手呢？明妃措嘉問道。

當你不執著煩惱與感官歡愉，並且能將之視爲幻相，如此，即使煩惱眞的生起時，你也不需要壓抑煩惱，因爲它們不會再有所危害了。而當煩惱未生起的時候，你也不會有造作煩惱或歡愉的欲望，因爲你已遠離了期待。當你可以這麼做時，煩惱便是被以爲道用了。試圖以煩惱爲道用，然而卻仍執著於實有，就像蒼蠅困陷蜂蜜中一樣。

措嘉，要斷除這樣的偏歧！

第三項主題是行持的偏歧，又分爲兩個部分：不合時宜的行爲所造成的偏歧，以及一般性的行爲偏歧。

前者有七類：一開始，如蜂之行應該在聞、思、修三業之前；但由於如蜂之行是初學者的行止，在持瑜伽密戒（yogic discipline）時採用這種行止是錯誤的。

如鹿之行僅適用於修持道的時候。如果在持瑜伽密戒時採用這種行止，便是錯誤的，因為你的三摩地便會失去自在。

如啞巴之行，僅適用於已獲得體驗的要領時。所以當行者應該行如蜜蜂時，卻採用如啞巴之行的方式，這便是錯誤的，因為他尚不能清楚區分言語和意義。

如燕尋巢之行，僅適用於得到個人體悟的時候。假若你已精熟於三摩地，卻採用這種行止，這便是錯誤的，因爲這會成爲障礙。

如狂人之行，僅適用於禪修體驗已經穩定的時候。如果只有部分體驗，卻採用這種行止，這便是錯誤的，因爲你尚未完全了解全義。

如獅之行，僅適用於已圓滿見地的時候。如果還在嘗試獲得體驗的階段，卻採用這種行止，由於尚未對眞如具有確信，你可能會被其他現象擊倒覆沒。

如同狗、豬之行，僅適用於已全然自在之時。如果在錯誤時機採用這種行止，你便會得到空行母的懲罰。

當你採用不墮敗的行爲方式時，你的個人體驗將會展露爲法性的內在本性。當你已經能掌握四大或五大種等元素時，你便能轉化他人「缺乏信心」的觀念，能讓死者復活，並展示任何神蹟。如果你扭曲濫用上述的行爲之道，就稱爲「行持上的偏歧」，這樣你將得不到任何成果。

措嘉，如果你想要避免落入這樣的偏歧，就要遵循經典所描述的正確行止之道！

第二點是關於一般性的行爲偏歧，你可能一時造作地維持某種行爲模式，但是這樣並不符合佛法。如果這種行爲模式不能成爲證悟之道，我們稱之爲僞善，這便造成了行持的偏歧。

措嘉，如果你想要避免在一般行爲上落入偏歧，那就要確定你所採用的所有行爲都能成爲證悟之道！

第四項主題是果方面的偏歧，又分爲兩點：暫時和究竟的偏歧。首先，暫時的偏歧之所以發生，是因爲在修持口訣教授之後，你將凡常的結果誤以爲是殊勝無上的果，又因此而感到驕傲自負。之所以稱之爲偏歧，是因爲它阻礙了究竟的果。其次，究竟的偏歧發生在已證得果，卻又陷入無法消融希望與恐懼的狀態時，這個結果就會偏歧而又形成某種「因」。

措嘉，如果你想要避免這類偏歧，就要認出希望與恐懼是空無根基的！

明妃措嘉又問道：當行者了悟這現見實相的要點之後，仍需要生起菩提心嗎？

上師答覆：大乘和密咒乘兩者，的確是因爲生起菩提心的殊勝功德特質而顯得出類拔萃。然而，除非你能於每天四個時段中，總是憶念死亡、無常、因果及輪迴過患，此生種種情節也終將迅速飛逝。

你可能會宣稱（自己）是大乘追隨者，然而，除非你能爲了一切有情眾生而「持續不斷地」培養慈心與悲心，否則你就是已經偏歧爲聲聞或獨覺行者了。

你可能擁有高度的了悟，但是除非你時時刻刻都能知道如何做出正確的取受或排拒，甚至在因果的最微細層面上，否則你將會遭遇許多痛苦的處境。

措嘉，如果你想眞實地修持佛法，就要讓自己契入了悟的境界，悟入我剛剛所說的內容！

明妃措嘉再問道：修持「道」時，最大的障礙是什麼？

上師答覆：最初入道的階段，任何會讓你的心落入偏歧的情況都是障礙。尤其對男性來說，女性是最大的魔障；對女性而言，男性是最大的魔障。而在一般的情況中，衣食則是最主要的魔障。

明妃措嘉又問：但是事業手印難道不是修持道的增上動力嗎？

上師仁波切回覆說：眞能提升修持道的手印伴侶，比黃金還稀罕！惡業纏身的女性啊，妳將虔誠心給了好色的男性；妳將自己的淨觀投注在妳的甜心身上；妳將所累積的功德供養給愛人；妳將堅忍給了家居生活；妳將悲心投注在私生子身上。

妳厭惡神聖的佛法；妳的每日修課就是培養貪慾；妳的心咒就是加入淫穢猥褻的談話；妳頂禮的姿態就是去做出打情罵俏的模樣；妳的繞行就是漫步到妳迷戀的地方；妳的毅力送給了情慾活動；妳企圖用下半身來摧毀自己的迷妄；妳把自己的確信定見給了秘密愛人；妳的感激之情獻給了最盡力與你性交的人；妳的體驗是去討論性交的話題；妳大概會和一隻狗尋歡作樂，只要這隻狗願意順服的話；妳不動搖的究竟目標就是投身到激情欲望中。與其當下就得到證悟，妳寧願選擇多享受一次。

妳的信心只是陳腔濫調，妳的虔敬並不眞誠，但是妳的貪婪與嫉妒卻很強大。妳的信心與慷慨之心微弱，但是妳的輕蔑無禮與懷疑卻很巨大。妳的悲心與智慧薄弱，但是妳的自誇與自尊卻是極大。妳的虔誠心與毅力很脆弱，但卻擅長於誤導他人和曲解眞理。妳的淨觀與勇氣是微小的。妳不持守三昧耶誓戒，妳也無法提供適切的服務承事。

妳是拉著行者下墮的鉤套，而不是一個可以增益修持的助手。妳並非大樂的增益者，卻是偏見與不幸的前兆。期待透過貪欲來得到解脫而納受伴侶，成了增生嫉妒與煩惱的成因。希望伴侶可以成爲改善健康的支持力，只會讓行者陷入破毀三昧耶的垢墮中。一位不正確持守三昧耶的女性，對於修行者來說是一個魔障。

嗯，一位具格的伴侶是怎麼樣的呢？明妃措嘉問道。

上師答覆：一般來說，這必須是一位沒有上述過失的人。尤其是具格伴侶應該要對佛法有興趣、聰慧且仁厚、擁有大信心與悲心、具備完整的六波羅蜜、不毀損上師的教言、尊敬修行者、且如護自眼般謹愼持守密咒三昧耶；他（她）必須是不濫交的人，除非他（她）已經獲得通達自在；而且在生活細節上很注重整潔乾淨。尋覓到這樣的一位伴侶，將會成爲道上的助伴，但這樣的眾生在西藏卻很罕見。應該要像是曼達拉娃公主這樣的人才行。

明妃措嘉又問：如果在達到通達自在前就隨意濫交的話，最大的缺失是什麼呢？

上師仁波切回答：就算已經通達自在，如果沒有你的上師允許的話，交合並不適切。除了傳授灌頂的上師的囑咐之外，佛法師兄弟或是家族成員若是與屬於某行者的對象交合，這也是不適切的。如果他眞的這麼做的話，他的三昧耶戒在此生會變得不清淨，而且會被空行母以不吉祥又短暫的生命加以懲罰。護法將會離棄他，他將無法得到成就，而且會遇到種種不同的障礙。而這位發生交合的女性，在此世的輪迴遷轉後，將會投生到欲望焚燒的地獄。因此，女性應該要謹慎防範濫交。當一位男性與領受了二或三階程度之戒律的金剛上師的伴侶，或是和領受這種相同三昧耶的佛法師姐妹交合的話，那叫做「毒染法器」，這樣是無法避免投生到地獄的。甚至是和一般人的伴侶交合，都會產生極為嚴厲的後果。但是在灌頂期間，即使是和〔上師的〕伴侶或是佛法師姐妹交合，都不會有過失。如果你能如此持守三昧耶，便會迅速獲得密咒乘的一切成就。

措嘉，如果進入密咒的門戶後卻不確實遵守三昧耶，要覺醒證悟是沒有希望的！我已經看遍西藏的所有人，但是除了你之外，我並未發現其他任何人可以持守三昧耶。

明妃措嘉再次提問：修行佛法時，既然最大的障礙是自私地執著於食物、衣服和身體，那麼，請告訴我如何捨棄這三者。

上師仁波切答覆：措嘉，這個身體遲早都會死亡腐滅。一個人的壽命長短早已註定，但我們卻無法確定自己將在年輕或年老時死去。人終將一死，我不曾看過有誰因為執著自己美麗的身體，就可以避開死亡。放棄所有對身體自私的珍愛，堅持山間靜修吧！

至於衣物，即使是一張簡單的羊皮披風就足夠了；而且，一個人甚至光靠石頭和水就可以過生活了。然而對西藏修行者來說，卻似乎不是如此！

明妃措嘉再次提問：我應該要記錄下您說的所有話語嗎？

上師仁波切答道：如果你將此記錄下來的話，將可利益未來世代的人。

明妃措嘉問道：那麼，這些言教應該被弘揚、還是隱藏起來呢？這些言教將如何帶來利益？誰將會好好運用這些教示呢？

上師仁波切答道：弘揚此教法的時機尚未到來，因此此教法應該被埋藏起來。當初我將含有心滴典籍的小盒放在國王的女兒貝瑪·索公主的頭頂上時，曾作祈願，希望這是指定給貝瑪·索的教法。在她死後數生之後，她將再次會遇此教法。因此，你必須為了這個目的將此教法以伏藏方式埋藏起來。

無垢友將會支持守護「心滴」教法；對他的弟子來說，時機已到。我這個心滴教法，將會在舊譯學派敗壞且即將消失之時出現。心滴將廣爲弘揚且繁盛，但只會持續短暫的一段時間。整體說來，末法黑暗時代的一切教法都會廣爲興盛，然而卻只會維持一段短暫的時間。

在這個時代的終末，當人們的平均壽命是五十歲時，貝瑪·索公主將再次投生爲人，然後被娘·讓（尼瑪·沃瑟）、即赤松德貞國王的語化身所認證。而在赤松德貞國王轉世爲「卻汪（上師）」的生命較晚期時，公主將會再次與佛法連結起來。公主再接下來的一世，將會與這含有心滴口訣教授的伏藏教法相遇；由於是實修的時機，所以此時不會行持任何利眾的事業。此人②（貝瑪·列哲·朵）將會存世五十九年，且將會有許多正面和負面的業力連結。他的某些弟子將會到極樂世界去，然而某些弟子卻會投生於惡趣；這顯示出墮敗三昧耶的後果，而且他可能會在五十歲時過世。他應該留心防備三昧耶的衰墮，且要努力懺悔。這樣做的話，他便能活足完整的歲數。

這時，一位受到五類空行母加持的女性可能會出現。如果這位女性眞的出現了，而且貝瑪．列哲．采也納受她爲伴侶，那麼他就應該祈求長壽，這樣他就可能活過五十歲。他將會有一位弟子，這位弟子是一個被授記的、有一顆痣爲標記的女孩，如果貝瑪．列哲．采給予她完整的教授，她將能執行利眾事業到某種程度。如果這位女弟子在那一世沒有出現，她還是會在來世成爲他的弟子，且會在喀拉葛的上部區獲得無餘涅槃（enlightenment without remainder）③。

如果貝瑪．列哲．采沒有將這些教授帶到布木坦（Bumtang）的下部區，而是將教授藏在原來的伏藏地，或是藏在神鬼無法移動之地的岩石內的話，那麼他將會在下一個轉世投生中揭示這些教示。

在那個轉世之後，他將會遊歷報身界一段時間，之後便會投生在布木坦的塔帕林。從十五歲起就開始利益眾生，他將取出許多伏藏，並示現種種神變。他會活到七十歲。由於納

② 意指公主的化身，已被確認是貝瑪．列哲．采（一二九一～一三一五，藏文是padma las 'brel rtsal）。

③ 在這個脈絡中，無餘涅槃通常意指虹光身的成就。另外，它也意指遠離五有漏蘊（five conditioned aggregates）的殘餘、已然覺醒狀態的了悟。【英譯者艾瑞克．貝瑪．昆桑】

受五位化現爲女性形體的空行母作爲伴侶，他的利眾事業將會向外輝耀。他將會有一個名爲達瓦札巴的兒子，這孩子是馬頭明王的化身，將會利益許多眾生。貝瑪．列哲．采的這個轉世將會守護佛法九十年。既然這是指定給他的法教，你就把此法教作爲伏藏埋藏起來吧！

聽完上述這些之後，明妃措嘉做了無數次的頂禮與繞行，並且努力將之記錄下來。

三昧耶。封印。封印。封印。

多令人驚異啊，像我這樣沒有才智的女性措嘉，
透過純淨的祈願，竟能與化身相遇！
藉著我清淨的三昧耶，我領受到心要教授。
由於我的供養承事，上師以慈愛的悲心對待我。
他將我視爲具格堪配的容受者，託付給我密咒的心要精華，

並且賜予我無上精華的「心滴」。
爲免在不恰當時機詮說「心滴」，因此我將之作爲伏藏而埋藏，
但願此問答型式的甘露金鬘，
能與具有完整表徵的此人相會遇！

三昧耶。
甚深印。寶藏印。〔原文無法判讀〕印。嚴厲印。

在黑暗時代中，這秘密心要教授的系列教法，
付囑給一位出生於兔年、命中帶水大的注定者、
一位烏迪亞納王國的心子、擁有隱密的命運，
一位有著眞實智慧的在家人，
此人的圓滿力量將不會在那一生開花，

而是會遵行一種隱密的生活方式④，
此人的行止無拘無束、沒有僞善，
他擁有強大的能力，但所具的力量卻沒有顯露出來，
他的身上有一顆痣作爲標記，而且有著凸起的雙眼。
他的學生，也就是五類空行母之子，
生於虎年、兔年、狗年、龍年與牛年，
將持有他的傳承，並將繼續行進而入淨土，
無論是誰，只要持守他的傳承，便會在一生中獲得佛果；
且他們最後一世的轉世，將會是瑜伽士。

依提（ITHI）。願一切轉爲善。

④「隱密瑜伽士」的生活方式意味著，避免將諸如對見地的證悟或神變能力等心靈功德，向外展現。【英譯者艾瑞克·貝瑪·昆桑】

5 唱予二十五弟子之歌

國王與二十五位弟子接著向珍貴的烏迪亞納王國上師提問：請賜予我們一個切中要點、含攝一切、然而修持方法卻很簡易的深奧教授。

蓮花生大師唱而答道：

奇異哉！
國王、王子們和其餘弟子啊，
眞實義並不在所有人的理解範圍內。
當此義被不具格的領受者所聽聞時，
便會成爲毀謗、誤解及毀壞三昧耶的成因。
我已經給了你們關於未來的重要預言，
但西藏邪惡的首領們，

無論聽到了多少，還是不信任，
到處散播謊言謬誤，
沉迷於無益的空談中。

然而，我會簡短作解釋
回答你們出於虔敬而對我的提問。
現在並非弘揚此法教的時機，
而是讓你們每一個人正確實修的時機。
爲了未來的利益，此法教將會以伏藏的方式埋藏起來，
因此，來領受秘密誓言吧！

爲了囑咐弟子們堅守秘密令，上師首先對國王說：

國王陛下，現在仔細聆聽，你要採用跏趺坐姿，
在座上保持身體挺直並禪修！
讓你的覺察力保持無念、且不受概念造作所縛。
當你的所緣焦點超越一切對境，
不再固著於任何具體的表徵時，
就保任於寂靜、安穩和醒覺中！
當你如此保任時，（道地）進展的徵相自然會出現，
例如，那不生不滅的心識明性，
以及毫無謬見的覺性。
這是在你自身中發現的醒覺境界，
不能於他處尋得，而是本自存在的（自生）——多令人驚奇啊！
現在仔細聽，卡千的虔敬措嘉！
由於自心毫無可顯露的眞實本體，

因此，要以自然、不造作、任運呈現的狀態，
在無修的境界中保持不散亂！
這樣保任著，解脫便會自然發生。
這就是覺醒或正覺的境界！

現在仔細聽啊，貝吉．桑給（Palgyi Senge），我優秀高貴的孩子！
輪迴和涅槃一切的現象都是你的自心，
離於此心即無有顯現——
空無自性，超越念想、語言和表達描述。
不要執取令人歡愉的事物、或者排拒令人懼怕的事物，
不要肯定或否定，不要偏頗，
但要在無造作的本然中，保持活躍覺醒。
如此保任之故，（道地）進展的徵相就是

你的身語意將會感到自在和輕鬆，超越歡樂和痛苦的界域。
這即是領悟覺醒或正覺境界的時刻！

現在仔細聽啊，毗盧遮那，可敬的人啊！
顯現與存在的一切，輪迴與涅槃，皆由自心而生——
這無法被執取、沒有中央與邊際的心。
在廣大平等性、俱生固有和不造作的本然境界內，
在大無爲中保持不散亂吧！
無論你在思索什麼想法，想法的生起無異於覺性的虛空——
而所謂「覺者」無非即是如此。
當自我覺知的覺性完全展現時，
這即是名爲「佛」的境界！

現在仔細聽啊，從迦牟來的由札．寧波！
你的心是無生的，毫無可見之物。
要遠離念想、不造作任何概念、不要追逐你的念想！
因此，不要去肯定或是否定，而是保任著，於自身內自在放鬆！
在這樣的境界中，念想之流被截斷，
而智慧會開顯、在輪迴與涅槃之間劃下分界。

現在仔細聽啊，南開．寧波，來自努地的托缽僧！
自心即是遠離我執和自我的離戲純然，
因此，要保任在此心自生起、自止滅的境界中，遠離造作！
那時，樂自內油然而生，
（道地）進展的徵相自然顯現而出；這即是心自身醒覺的境界！

現在仔細聽啊，吉納那．庫瑪惹，遠離散亂地傾聽這個教授吧！
自心最初並非由因所創造的，
最終也不會受到緣的毀壞，
因此，無爲不費力地保任在這難以言喻且不造作的境界中吧！
那時，果會在你自身中顯露，無需尋找。
除此之外，也找不到其他任何覺者了！

現在仔細聽啊，南朗的嘉瓦．確楊！
證悟的覺醒心並非透過禪修創造出來的，
因此，要遠離念想、不要投射或去消融念想，
要以寬廣敞開的感官知覺（根門）來保任，讓念想於自身中自消融！
在此境界中，你的念想會自然消融，
而且無須尋找，智慧自會生起。

而這即是所謂「發現了覺醒的境界」！

現在仔細聽啊，拿囊的多傑．杜炯！
那名爲「證悟的覺醒心」者，
是本來俱生，原本自生，且沒有中心或是邊際的。
不要去修正，而是保任在自覺且自然寂靜的境界中，
不要去改變，不要更動，而是保任著，放鬆到自然狀態之中！
若能如此保任，那麼你那遠離混亂的心
就是正覺者（指佛）本身！

現在仔細聽啊，巴地的伊喜．楊，要好好學習這個教示！
當你的心不固著於能者和所者時，心是如如不動的。
不要爲了蓄意勤作、希望和恐懼、爲了守護和終結念想而散亂分心；

不要修正這些，而是保任在你的本然境界中。
不要受擾而偏離本然境界，這即是正覺者自身！

現在仔細聽啊，索格波的貝吉．伊喜！
心的覺醒境界非經創造而出，
非經尋求而得，且是本自存在（自生）的。
要遠離那執取能者和所者的奮力勤作，
保任在本然覺知的離戲境界中！
若能如此保任，煩亂掉舉之流便會切斷、止滅；
要認出這個剎那便是正覺者！

現在仔細聽啊，拿囊．伊喜，來自襄的年輕托缽僧！
讓你的注意力遠離二元的活動，不要去斷定或否定，

而是保任在不造作的無勤爲中，不要取受或排拒，
覺醒或正覺境界就是不散亂地安住在那樣的狀態中。

現在仔細聽啊，卡千的貝吉．旺秋！
讓你的心處在無修之中，不要造作任何意向，
而是要不刻意造作地，保任在自生的本然覺知中！
若能保任在那境界中，無須將輪迴拋除，
那輪迴過失的自然消融，就是正覺者的智慧！

現在仔細聽啊，登瑪．采芒，卓越出眾的人啊！
自心是空無能者和所者、且非經創造，
因此，要遠離奮力勤作與造作，不要用禪修去創造什麼，
而是要在自生的本然覺知中，保任不散亂的狀態！

若能保任於如此狀態中，本然覺知便能解脫。
若是棄捨這樣的境界，你是根本無法找到正覺者的！

現在仔細聽啊，欽布的譯師噶華．沛策！
放下能者與所者時，心並非可見之物。
同樣的，心是非經創造的，也無須修改。
保任在平等定的狀態中，不要偏入攀執實存的歧途。
要保持著不從此中分心散亂，這即是覺醒或正覺的境界！

現在仔細聽啊，紓布的貝吉．僧給！
心的覺醒境界遠離了增或減的一切主張。
心是不造作的，且自然從「取受或排拒所者」的能者中解脫，
不要固著於任何事物，要全然地不受阻礙。

保任在這個境界中，就是正覺者自身！

現在仔細聽啊，嘉維．羅卓，椎的托缽僧！
自心無可思，也無可觀。
心超越是或不是、恆常與斷滅，
因此，要保任在「遠離修者與對境的禪修」中！
當你能維持不從此中分心散亂時，
就是所謂正覺者的法身！

現在仔細聽啊，羅集．穹巴，聆聽這教授！
要讓你的注意力遠離能知者與所知，
不要有所固著，而是不帶希望地、自在地放鬆。
保任在空無自性的覺知境界中。
如此保任在不從此中偏出而動搖，就是覺醒的境界！

注意聆聽這教示，診巴．南卡！
心，雖有所感知，然卻沒有實體，
能作認知卻無有念想、有所覺察卻無法描繪。
要遠離概念思考的活動，
保任在那個境界中、保持覺醒與寬廣敞開。
保任在如此本性中，就是覺醒的境界！

現在仔細聽啊，歐枕的貝吉．旺秋！
覺醒之心是一種有所感知的空性、一種空卻明的覺知。
要保任在覺醒心自生的境界中，不要改變或修正它。
保持著不離此中的如如不動，這就是覺者！
仔細聽我說啊，仁千．邱克！

注意力的本體，非由何物所成，
既不能握持，也不要在禪修中去創造或忽略。
不要去修正或改變它自生的清新，
而是要保持在任運而存的本初狀態中！
在這樣的境界中，要讓自心如如不動，
因爲除此之外，再也找不到其他的果！

現在仔細聽啊，桑傑·伊喜，來自努地的托缽僧！
覺醒之心是空性的，然卻有所感知；
同理，它有所感知，然卻是空性的。
它是感知及覺空兩者不可思議的雙融合一——
要保任在本然性中，不因離此境而散亂。
保持著不離此中的如如不動，這就是正覺者！

現在仔細聽啊，拉隆的貝吉．多傑．旺秋！
自心本性沒有實體，也沒有任何屬性，
不要企圖加以造作或去改善，而是不改變或不忘失地保任著。
如此保任，就是覺者！

現在仔細聽啊，朗卓的恭邱．炯內！
自心是非實體的，且從本初以來就是清淨的，
自然地空性且無有造作，
因此，保任在無有修者與所修對境的境界中吧。
藉此，你便達致了佛果！

現在仔細聽啊，拉蒸的嘉華．蔣秋！
自心不生亦不滅，也沒有實體具象的屬性。

自心之本性爲空性，其覺知是無礙的。
保持著不離此中的如如不動，這就是正覺者！

你們所有人，都要將這些教授運用在自己的體驗中！
你們也許把佛陀的經藏與續部、及經續的論釋等等，
比擬爲數量超越虛空邊界的話語，
但此中要義都包含在上述這些要點中了。
因此，好好修持這些要點，
並遵照你的誓言，將這些教授作爲珍寶埋藏起來吧！

蓮花生大師如是說，他僅是把這眞實心要的教授賜予這二十五位弟子，這些弟子便都獲得了解脫，並得到成就。

6 除障珍寶寶庫

答覆伊喜．措嘉的提問

在桑耶．欽普的閉關地，卡千的公主——明妃措嘉，向上師蓮花源懇請：請鑑知我啊，偉大的上師！雖然您已經對一個像我這樣無知愚蠢的女孩，開示了世間的一切（器世間）以及世間眾生（情世間）都是法身，但由於我不斷與迷惑感知為伴的習氣，我的佛法修持仍舊偏歧到理論性的了解中。我懇請您慈悲賜予我能將所有行持與法性內在本質相連結的教授！

蓮花生大師答道：措嘉，聽著！在修行大乘的密咒教法時，必須掌握以下三個要點：身體的要點——姿勢；雙眼的要點——目視；心的要點——安歇安住之道。

首先，要在僻靜處，以跏趺坐姿坐在舒服的座位上，雙臂平放，挺直脊椎。如果能讓身體保持本初的狀態，禪修便會自然生起。若不採用這身姿，禪修是不會發生的。

接下來是目視，不要闔上雙眼，不要眨眼或斜視瞪眼，要向前不動搖地直視。由於所見視野和心識（此處指眼識）具有同一本質，因此禪修便會自然生起。若不採用正確的目視方式，禪修便不會發生。

心的要點如下：別讓平常心的本然狀態追逐過往的習氣模式，別讓平常心的本然狀態對有染煩惱的未來活動有所期待；也不要讓平常心的本然狀態，概念化地在你當下狀態中造作什麼。將心識安住、安歇在其本然狀態中的話，禪修便會自然地生起。如果你分心或散亂了，禪修便不會發生。

當你以此方式讓（身、語、意）三門安歇在其本然狀態後，一切粗糙和細微的念想便會消退，你的心會寬坦地保任在自身本然之中，這便稱為「止」或「奢摩他」——平靜地安住。（當你的心）處於自然任運覺性中，沒有障礙、沒有所居處、且赤裸無遮，（這便稱為「觀」或「毗婆舍那」）①。當這兩者，在具有覺知的剎那中，如同無二無別的一個整體而鮮明清晰地保任著，這便稱為「止觀雙運」。所謂理念上的了解，就是你認為心識是一個客體對境；所謂體驗，則是發現心識無所居處；而了悟，則發生在禪修得到心髓時：心的種

① 原版的原稿中顯然有一或兩個文句佚失了。括號中的文字是英譯者加上去的。【英譯者艾瑞克·貝瑪·昆桑】

種狀態都保持著鮮明清晰。這與三世諸佛的了悟是無二無別的；它並非以上師深奧的教授為根據所做出的虛構造作，也不是弟子以敏銳智能所思得的結果；這被稱為「到達根的本然狀態」。

以此方式來禪修時，樂、明、無念或離念三種體驗便會生起。

遠離概念思維的心識，稱為無念或離念，又分為三類：「離善念」意指遠離對修者及所修對境的攀執。「離惡念」是指切斷了粗糙與細微概念思維之流。「離無記念」即是認出了明覺的本然面貌是無有居處的。

在無念的境界中，明性即是明覺或覺性不受阻礙、赤裸無遮的光輝。明性又分為三種：「自然明性」就是處於遠離對境的狀態。「本初明性」不會只是短暫時間出現而已。「本然明性」則非由任何人所能製造。

樂也有四種。「樂受」即是遠離了不和諧的逆境。「離念之樂」即是遠離了概念的痛苦。「非二元之樂」即是遠離了對二元執著的攀執。「非緣起之樂」即是遠離了因和緣。

當這類體驗生起時，你便需要知道三種超離的比喻：猶如狂人般超離於樂；猶如幼童之夢般超離於明；猶如已圓滿瑜伽密戒的瑜伽士一般，超離於無念。當你掌握了這些之後，便可以免於禪修的過失。

如果你被樂、明、無念三種體驗強烈吸引住，而且對此三者有所戀執，你便會步入三有或三界的偏途。戀執樂受時，你會偏離正途進入欲界；戀執明性時，你會偏離正途進入色界；戀執著無念時，你會偏離正途進入無色界。

儘管你自認對樂、明、無念三者既沒有貪戀、也不攀執，但你仍舊保留了一種微妙的內心依戀。爲了要淨除這個陷阱，便有了九次第定，由四禪開始入手，爲的是摒除帶有欲望的念頭。初禪是要遠離認爲有能者與所者的概念思維，但仍在進行對禪修之所者客體以及禪修之事的識別。二禪是要遠離概念思維與識別，但仍固著於品嚐三摩地的樂受。三禪是要達到如如不動的心，但仍伴隨著吸氣與呼氣（入出息）。四禪的三摩地則是透過無阻礙的清明感知，全然遠離概念思維。

四無色定則淨除了色界的概念思維。但由於停留在「一切現象如虛空一般」的想法上，你會偏離正途，進入空無邊處。由於停留在「心識無邊且無方向」的想法上，你會偏離正途，進入識無邊處。由於仍然有「感知的明晰認知非存也非非存，也不能說它是智力的對境」的想法，你會偏離正途，進入非想非非想處之中。由於停留在「心並不由任何實體所構成；心並不存在且是空性的」這樣的想法中，你會偏離正途，進入無所有處。這些狀態仍有著概念化、心理上的戀著及二元心之體驗的些微垢染。

滅盡定或滅受想定則摒除了以上這些狀態的種種概念。受思滅盡定，指的是「六識不再涉入各自對境」的一種止滅狀態，於呼吸和二元心兩者之活動的「間斷」中平穩地安住；無受思滅盡，乃是達致你的內在本性。這就是究竟的無分別之境界。

在九次第定當中，四禪的狀態是「能生起『觀』的三摩地」，因此，這四禪的三摩地與內在自性相符一致，是世間三摩地當中最卓越的。

四無色定是三摩地的陷阱，而滅盡定則是聲聞的寂靜三摩地。

透過分辨這些狀態或境界，你得以區辨不同類型的三摩地，淨除禪修中的障礙，並避免偏離正途。

（樂、明、無念）三者涵蓋了整個五道的過程。當你克服了以上這些陷阱，能夠修持沒有過失的禪修後，在座上禪修時，你沉靜且鮮明地保任在樂、明、無念中②；而座下禪修的階段，種種顯相無礙地生起，且如同夢境或是神奇幻相般毫無實質。你了解因和果的本質，累積足夠應圓滿的功德，而得到三摩地煖相，因此而圓滿了資糧道。

像這樣持續修行一段長時間之後，你實際見到了自己內在的固有本性真是無有住處、且是自我覺知的。你認出你的本然面貌，這就是見道。由於你體驗到顯相、明覺及空性是無有住處且是自我覺知的，因此你直接地見到了非因緣和合的固有本性。煩惱障從根斷毀了，你

②樂、明、無念這種三功德特質是心本然自性的基本屬性，就本身來說，它們並非是陷阱。但當我們的注意力被導向這些功德特質，察覺到這些特質，並充滿了此三者的「體驗」，成了一種值得追求與維持的境界時，便會形成一種細微的戀執；這種細微的迷戀正是久陷輪迴的直接成因。（祖古烏金仁波切）

了知因果是空性的，輪迴沒有任何實質的存在，這即是初地「極喜地」。此時的座上禪修境界與佛果是無二無別的，而座下禪修狀態中的一切事物，皆如神奇的幻相般生起。

逐漸熟悉這個境界並能穩定地保任時，一切現象便會成爲非二元性。由於認識到一切現象皆是自展現的，顯相與心便合而爲一。當空性以因和果的方式現起，此時，你便了悟到所謂的「緣起」。座上禪修期間，一切現象皆是無有住處的，且以明覺之體性的方式呈現；座下禪修的期間，客觀對境的微量顯現，即是修道。

這樣保任一段長時間之後，你了悟到輪迴與涅槃的一切是無二無別的、是超越生起與止滅的、是純粹且全然圓滿的、是無有住處且是自我覺知的。所知障完全消失，當一切現象展露爲本覺的這個時刻，就是無學道、亦即佛果的境界。

措嘉再次發問：殊勝的上師啊，請鑑知我！這是萬物的固有本性，但我們（的禪修）在得到穩定之前，應該遵循何種行止或行持呢？

蓮花生回答：聽著，措嘉！行持有三種。第一，爲了安立「道」，有一般性的共同行持；其次，為了增益禪修，便有瑜伽密戒的秘密行持；最後則是眞如的究竟行持。

行持是非常重要的，因為生活中大部分時間都用在座下禪修的日常活動中。你也許已經在概念上了解某個極高的見地，但除非你眞的按照此見地的眞義來行動，否則便會從道上偏離。你的座上禪修可能已經達到了很勝妙的狀態，然而除非能在座下禪修的期間還能保任這種狀態，否則它將會消退。因此，你應了解因果的重要法則：要避免任何惡行，而即便是最微小的善行都要去做。這就是是正道、就是佛陀教法的精髓、就是智慧的要點。

你已然獲得人身，如果想要正確地修持神聖佛法，那麼，連一剎那都莫要讓身、語、意三門偏入世俗凡庸的狀態。日間修持期間，要讓你的心識處於不造作的狀態，且讓六識自由不拘地經歷、感受一切，猶如一場夢或是魔術幻相一般。夜間，要在不投射念想和也不消融念想的離念境界中，讓深沉的睡眠與法性合而為一。要淨化夢境狀態的迷妄體驗，將之轉化為正道；也就是說，要去培養慈心、悲心和菩提心，並且要訓練自己愈來愈嫻熟生起次第與圓滿次第。

早晚都要做七支淨供③，而且不要疏忽每天的朵瑪食子的供養等等。要以百字明咒來懺悔你的罪行。要注意因果的重要法則。要再三深思，獲得八閒暇及十圓滿（審校註：珍貴人身具有八閒暇與十圓滿）有多麼困難，要深思死亡和無常，要深思輪迴的過患。

要訓練自己培養菩提心。要練習生起次第，使顯現和存在的一切都能是本尊壇城。至於圓滿次第，則是安住在無二元之中，也就是毫無自性的顯相，如同水中月的反影一般。最後則要迴向善根。

若能以這種方式修行，你便是在遵循共乘、你便是走在正道上，而且已爲瑜伽道建立了基礎。

在建立了道的基礎，並且對見地和眞實本性獲得了體驗、了解及確信之後，便要開始修行瑜伽密戒的秘密行持。秘密行持能增益、提升瑜伽道，並能破除概念思維。修行上已極爲嫻熟和穩定的行者，便可從事密行。

針對大乘的正確修持來說，則應了知「一切對境皆不眞實」的見地。而密乘則有本尊眘眾的見地，亦即生起次第；以及超越邊見的無二元，亦即圓滿次第。

當你能把一切眾生都視爲父母時，就表示你已用菩提心訓練自心而生起了「道」。爲破除我執及相信有鬼魔的信念，應該去令人驚恐之處，並紮營在最可怕的地方。一開始先皈依三寶，生起菩提心，並向你的上師祈請；然後再爲由該地區神靈所引領的如虛空般無量有情眾生，長時誠摯地修持無量的慈心、悲心與菩提心。歇息安住，並於勝義菩提心之中入睡，此勝義菩提心即是超越生、住、滅的離戲大樂境界，於其中，神祇與魔眾是無二無別的。當你感到恐懼可怕時，心裡就要貫注專心地如此思考：「這樣的恐懼或害怕，源自相信有鬼魔，而這樣的信念則源自於不了解一切有情眾生都是自己的父母。如今這想法的投射顯現爲魔，那麼我這單單是陳腔濫調及理念上的菩提心，又如何能成就眞實義呢？」要這樣專注一心，培養眞摯的慈悲心和菩提心，且毫不掛念地將你的身體交給由該地神靈統率的所有神祇與魔道，說：「請隨意取用我的肉、血和骨骸吧！」並讓自心安住歇息在菩提心中。

同樣的，當你生起神或魔的想法，菩提心因此而動搖時，要發想：「這是相信有鬼魔的信念所生的投射罷了！」接著，毫不猶豫地將身體供養給鬼魔，然後再於等持禪定中安歇。

③與七支供養（seven branches）相同：頂禮、供養、懺悔、隨喜、請轉法輪、懇請勿入涅槃、為一切眾生的利益而迴向功德。

如果鬼魔真的出現了，就直接跳進他嘴裡，或是跳進他腿懷中，完全放棄你珍視身體的念頭。長養菩提心並且迴向此善根。

當你斬斷那相信鬼魔存在的信念時，鬼魔的展現及幻變便會消退，當地神靈便會在你的掌控之中。念頭的消退與鬼魔的馴服兩者是相隨而生的。

一旦你了解一切有情眾生皆是父母，你就不可能相信有鬼魔的存在；然而你若仍如此相信，就表示你尚未圓滿修持訓練。

其次，爲了要徹底地斷除④，你要認出一切客體對境都是不眞實的。斷除了相信有鬼魔的信念、斷除了認爲邪惡力量爲眞實的執著之後，就前去最駭人可怕的地方，以便增益自己對顯相非眞虛假的見地；要皈依、長養菩提心、並做祈請。當你認出一切客體對境並不眞實、一切概念皆是迷妄、萬事萬物都是空性的、且當下的感知猶如一場夢或奇變的幻相時，就在這無一物究竟存在的無造作空性境界中入睡。

當你感到恐懼、害怕或是驚駭時，要專注集中自心，如此深思：「由於不了解恐懼和驚駭如同夢境與魔幻假相，我因而相信鬼魔的存在。現在此投射之境已經生起，向我顯示了自己了解的幻相的見地僅只是理念上的了解罷了，而這是不會成就眞實義的！」要讓自心全神貫注地集中在這個想法上，在萬事萬物都不眞實且是幻相的境界中，自在地安住歇息。

認爲鬼魔存在的念頭或是這些奇變幻相一生起時，你必須馬上認出此投射之境不眞實的本質。要確信此投射之境沒有眞實性，而是如同幻術展現一般。如果眞有鬼魔出現，要決信這鬼魔是不眞實的，直接跳進鬼魔的腿懷裡；鬼魔顯相的旋風會消失，你會無有阻礙地穿透這個顯相。就在你斬斷相信有鬼魔的信念之時，這些魔幻的展現便自然消退。戰勝自己的想法和鬼魔的終結兩者是相隨而生的。

第三，爲了徹底斷除，要訓練穩固的生起次第，憑藉穩固的生起次第，你的體驗便會以本尊相而展現。爲了增長你的生起次第，並克服相信有鬼魔的信念、克服對於存有眾生之世

④斷除（cut through），此處指的是斷除對所有物、身體以及自我之戀執的施身法斷境修行。【英譯者艾瑞克·貝瑪·昆桑】

間的二元執著，你應前去令人驚駭之處。到了那裡，就做皈依的修持、長養菩提心，並做祈請。將周遭環境觀想爲神聖宮殿，並將一切有情眾生，尤其是當地神靈觀想爲本尊。要唸誦心咒，使你的覺性更敏銳，使你的心耀然明亮，如此持續禪修一段長時間。要信奉深具要義的勝義空性。要在一切有所顯現，然而卻沒有自性的境界中入眠。當害怕或是驚恐的想法生起時，要專注地集中自心，然後這樣深思：「由於認不出可怕而令人驚駭的鬼魔顯相實爲本尊，我造作出相信有魔眾和惡鬼的信念，現在此信念的投射如同幻術般出現了。我的生起次第只是文字及理智上的了解而已，這如何能使我得到成就呢？」專注地集中自心，拋開珍視身體的愛執，將身體當做薈供曼陀羅獻出，清楚地觀想顯現與存在的一切皆爲本尊。

將你平凡的身體聖化爲甘露，貢獻給一切有情眾生。特別將作惡者列爲首席，自在地安歇在無有戲論造作的狀態中。

相信鬼魔實存的信念之所以會生起，是因爲魔的顯相或是幻化展現一出現時，你沒有了解到此顯相即是本尊的壇城。你要想：「那只是一個投射罷了！」並憶念本尊。

若能得到某些了悟上的成就，你便會了解自己和鬼魔具有和本尊同樣的特質。因此要想：「與本尊會面是多麼令人歡喜啊！」躍入鬼魔的腿懷間，擁抱它；進入鬼魔的口中，讓彼此的心合而爲一。讓你的物質色身成爲薈供曼陀羅，以此，你將會了悟諸種顯相皆是本尊，如此一來，關於鬼魔的所有概念都會停息，幻術般的展現會自然地消退，而當地神靈也會臣服於你。

第四，爲了要徹底斷除，要以圓滿次第的穩固見地來了知無二元的本質。要利用你對鬼魔的恐懼、害怕與相信鬼魔存在的信念，增長對圓滿次第無二元本性的了悟。爲了達到這個目的，我們要先作前行，然後自在地安住於無二元的境界中；於此，身體與心是無二的，顯相與心是無二的，自我和他人是無二的，朋友與敵人是無二的，神祇與鬼魔是無二的。簡言之，要安歇在沒有任何二元現象的狀態中，不散亂地維持此相續的境界。

這樣修持的時候，如果鬼魔的幻相或想法生起了，就專注在無二元中，要想：「這個投射是由迷惑所生，是起因於我的心並沒有專注地保任在無二元境界中！」相信鬼魔實存的信念一生起時，要自在地安歇在無二元境界中。如果眞的有鬼魔現身了，要專注地集中精神，想著：「多歡喜能有這個機會禪修無二元本性，以之作爲增長見地的訓練！」躍入鬼魔的腿懷間吧，你將會沒有障礙地在無二元、無根基的空性中穿透這鬼魔。究竟上，鬼魔並不具備任何眞實性。

以此方式，無二元的眞義便在你生命的存有中露出了曙光。相信有鬼魔存在的二元念想就此中斷，且外在幻術般的展現便自然地消退。了悟無二元時，你便掌控了邪惡力量和有礙魔；這是由於無二元性，也因爲顯相和心相互依存之故。

因此，當你止靜時，魔也是止靜的；當你被平撫時，魔也被平撫了；當你解脫了，魔也解脫了；當你被調伏時，魔也被調伏了。這個魔是你自身的魔，因此，斬斷此魔，便會平撫你自身。因此，勇敢去面對一個恐怖之地，比起三年的禪修，更有增益禪修的作用。

秘密行止不只是著眼於對鬼魔的想法，也著眼於斬斷傳染性疾病的想法，像是痲瘋病等，以及害怕、憂懼、嫌惡、反感、怯懦、膽小、困窘難爲情等感受。總之，無論生起了什麼想法，要如上述所說一般斬斷這些想法。

最後，是屬於眞實眞如的究竟行止，這是沒有神與魔的二元分別對立的。遠離了清淨與染垢的二元分別對立，因此，二元執著的纏結便解開了。遠離了取納善的、排拒惡的，因此，疑惑猶慮便斷除了。沒有想要逃避、準備培養什麼或是去攀執什麼的衝動，因此，輪迴與涅槃的一切概念便全然消失在無二元明覺的廣境之中，但卻仍完全無遮地維持著無二元的合一性，也就是大樂的心髓。

在那個時候，即使閻魔獄主——死神，以死亡之鉤擒住你，要把你帶走，你都不會感到害怕或是驚恐。即使金剛薩埵佛尊現前了，你的定見中也不會含有任何懷疑或不確定感；這就稱爲眞實義的究竟行止。

透過這類秘密行止，你建立了本然境界的基礎，增長了見地，使修行更加精練，而且完滿了果。這教法是極爲深奧的。

措嘉又再提問：請鑑知我，偉大的上師啊！我懇求您仁慈地賜予我心要口訣，讓我能夠斷除當下覺性中的受苦根源，並能將生與死都以爲道用！

蓮師答覆：聽著，措嘉！五瑜伽能揭示出修行的要點，因此我將教導你「運用自己的一切行動做爲修行之道」的心要口訣。

第一，關於睡眠瑜伽：入睡的時刻無異於死亡，因此，此時要修復你的三昧耶，重受聲聞戒，淨化你的心續，克服三毒煩惱的造作糾纏，並避免涉入回憶及（對未來的）計畫。讓內外一切現象在眞如三摩地中保持全然解脫自在——眞如三摩地也就是對任何事物都無有攀緣的境界。在沒有戲論造作的圓滿次第、這非概念的法身中入睡，這就是以死亡爲道用。

將一切內外現象、器世間與有情眾生、主尊與隨扈眷屬眾，消融到你心間的種子字。在無所攀緣的境界中入睡，你便是在運用這死亡的概念作爲修行道。

第二，甦醒瑜伽無異於再次投生。一睡醒時，你就要清晰地從圓滿次第中憶起那無礙的明覺，那將會淨化再次投生。

其次，你應該了解因與果的要點，這會爲你所做的任何心靈修行帶來關鍵要素，而且這比任何其他修持都更能增益修行。

黎明時，應將食物純淨的部分送到脈中，並且排出不純淨的部分。當脈內部完全淨空時，會讓外、內、密的過失或善較容易呈現、生起，於是，脈生起爲中脈，氣爲本智，諸大種則爲大樂，而自心則現爲無二元的覺性；這也正是施做任何一種醫學治療或療癒儀式的目的。此外，這也是何以眞實圓滿的佛陀在黎明時覺醒而契入正等正覺的原因。

第三，飲食瑜伽必須結合密咒的灌頂儀式。如果修生起次第，就將食物當作智慧甘露獻供，觀想本尊在你的腹中，要像本尊消融到本尊中一樣地享用食物。

如果你修持的是淨治除障的話，先將食物當作智慧甘露獻供。在心間觀想代表六道眾生之種的種子字，然後要以燒盡種子字那般的方式來進行飲食。

如果你修持的是雙運，就要將食物當作方便智慧無二無別的甘露來獻供，並以雙運的方式來享用食物。

如果你修持圓滿次第，便要將食物當成是顯空俱現的智慧來獻供，享用法性、吃著法性。

簡言之，要與你正在修持的三摩地融合而安住，如此來享用食物。透過這樣的方式，你所吃的任何食物都會成爲成就三摩地的因。

第四，關於相續瑜伽的部分，一位正確運用修道的行者，絕不該沉浸在凡俗的煩惱中。行者應該透過特殊的技巧或訣竅來辨識一切現起的煩惱，並將這些煩惱帶回正確的修行道上。

煩惱的根源是五毒，以下說明如何將五毒以爲道用。當強烈的貪欲（性欲）突然現起時，要透過正念覺察來認出這些煩惱，並思維貪欲的成因；這是由於外在因素而生起的，也就是想要跟一位迷人的男性或是女性交合，而受到了這種性衝動的支配控制。此刻，欲望帶來的疼痛就像是洪水猛烈的奔流，到最後，你的心會完全消散到你已經習慣的那種模式中。

若要辨識出那個模式，便要了解到，外在令人神魂顛倒的條件因素都是自心造作出來的。若不是如此，你所鍾愛的朋友就不可能會被其他人當作敵人。想要交合的衝動從你心中生起而顯現爲欲望，就像是空無的天空中出現的風。

現在要說的是如何深觀貪欲的體性，並以貪欲爲道用。具吸引力的外在因素，以及交合的衝動，是遠離二元的，在此狀態中安住，欲望因此便轉爲樂空不二的體性。空性的本然體性，以及現起爲樂的體現，兩者的本質並無不同。這即是貪欲的圓滿，亦即妙觀察智。

同樣的，透過深觀憤怒的體性，並安住於其中，你便了悟明空不二的體性。其本然的本質是空性，而本質的體現則為明。這就是憤怒的圓滿，亦即大圓鏡智。

透過深觀癡的體性，並安住於其中，你便了悟到非概念性的覺性。其本然的本質為空，體現為無概念。癡的圓滿就是法界體性智。

以同樣的方式，若將驕傲與嫉妒以為道用，兩者會轉為平等性智與成所作智。

簡單來說，十不善是由五毒而生，五毒則來自於三毒。藉著辨識三毒，並將之以為道用，你便維續了三藏教法，也保持在三學處之中：

- 藉著深觀貪欲的體性，並安住在此體性的狀態中，你經驗到樂，這就成了律藏。你離開了凡庸的欲望，這便是戒學處。
- 藉著深觀憤怒的體性，並安住在此體性的狀態中，你經驗到明，這就成了經藏。你離開了凡庸的憤怒，這便是三摩地的訓練。
- 藉著深觀愚癡的體性，並安住在此體性的狀態中，你體驗到無念，這就成了論藏。你離開了凡庸的愚癡，這就是分別智的訓練。

你應該明辨出一切生起的煩惱，並以此方式將煩惱以爲道用。

第五是時瑜伽（yoga of time）及其要點，其中分爲五時。首先，黎明時，食物清淨與不清淨的部分分離了，你的心是敏銳的，身體清新復甦，你的智能清晰，而且明點增盛了。無論是過失或是善德的力量都更強大，因此，認出任何現起爲欲望的念頭，並將之作爲善道用，是非常重要的。

第二，在傍晚時，你的明點力量衰退，一股焦慮的情緒可能會出現。神祇與鬼魔的幻變展現會更強大，這個時候與死亡相似，不管是過失或是善的力量都更顯增強，因此，認出所有現起爲恐懼害怕的念頭，並將之作爲善道用，是非常重要的。

第三，當強烈的煩惱或紛亂的想法出現時，如果你無法將之作爲道用，這很有可能會讓你付出生命的代價，或是使你損毀戒律、障礙你的三摩地，並扭曲眞實的修道。因此，一定要認出煩惱、想法，並以之爲道用。

第四，當無二元的本覺生起，你的心與無念的體性雙融無別時，要將此運用在方便道上。當你在這些體悟的架構中運用種種心要時，要一刻也不散亂地禪修一段長時間。在那個時刻，祈願及因果關係的環節會形成；這是一個關鍵點，因此建立起定見是很重要的。若是讓祈願及因果關係的環節混雜了任何其他凡俗的概念思考，是很不適切的。由於造作（祈願）者是一種概念性想法，因此，這就像是錯用退燒藥來對治寒病一樣。

第五，當死亡來臨時，你會完全受制於個人獨特的「連繫之業」的控制，因此，創造正向的因果連結是很重要的。把一切罪行拋諸腦後，憶念起一切善行吧。專一地讓自心專注在你已練習穩固的特定修持上，而且，每一個片刻都要遠離迷妄的體驗。簡言之，在這個時刻，創造出善的因果連結是非常重要的。

措嘉又再提問：請鑑知我，偉大的上師啊！請教導關於中陰狀態的要點。

蓮花生大師答覆：聽著，措嘉！說到中陰，從死亡到再次投生的這段期間，稱爲生死中陰，其中包含三個重點：最好的是在經歷任何中陰之前就證得正覺；次好是在中陰階段證得正覺；第三則是如何再次投生。

第一個重點又分爲四個部分：四大種如何消融分解、念頭如何止滅、離念的本智如何現前、如何透過認出自己的本性而證得佛果。

首先，當地大融入水大時，臍輪的脈結會分解，地大之風失去作用力，身體感到沉重，意識愈來愈微弱，而且會出現如海市蜃樓般的經驗。

接下來，當水大融入火大時，位於心間的脈結分解，水大之風失去作用力，口鼻變乾，意識不安，會出現煙霧相的經驗。

第三，當火大融入風大時，位於喉間的脈結分解，火大之風失去作用力，身體的溫度漸變微弱，知覺搖動不定，會出現螢火蟲相的經驗。

第四，當風大消融到意識中，位於密處的脈結分解，風大之風失去作用力，氣息停止穿梭於鼻孔間，意識有些許困惑，會出現一些光亮相。

念頭如何止滅：在中脈下方末端，是來自母親的精華，以字母「啊」的形式呈現。當右脈的力量衰微時，這個精華便往上移，徵兆就是出現一片紅色。那個時候，貪欲的思想狀態會停息。

在中脈上方末端，是來自父親的精華，以字母「杭」的形式呈現。當左脈的力量衰微時，這個精華便向下移動，然後會出現一片白色。那個時候，憤怒的思想狀態會停息。

接著，於頭頂遍行的風息失去作用力，因此出現了黑暗相。那個時候，愚癡的思想狀態會停息。

當三毒以此方式停息之後，傲慢與嫉妒會自然而然地止息，因爲三毒已經融解到三條脈中。在這之後，外呼吸會停止。

離念的本智如何出現：一直到此時爲止，外呼吸中斷了，但是內呼吸還沒有停止。上升的日與下降的月相會在一起，風息心（prana-mind）進入中脈。由於三毒被聚留中脈內，而且思想已經停息一小段時間了，因此離念的覺性——諸佛的法身之心，於此時現起的時間約有一頓飯之久。

如何藉著認識離念的本初智，達到成佛：由於愈來愈熟悉如何去認證，且對口訣教授已得定見，藉由這樣的力量，你將會了解自生的俱生智，並證得法身中母子雙融的佛果。接著，明覺穿越梵穴，並進入法界。

這是針對最高根器者，無須經歷中陰便能證得佛果的教授。

針對中等根器在中陰狀態證得正覺佛果的教授，也有四個部分。四大種消融分解的方式以及思維狀態停息的方式，與上述相同。

關於第三部分，法性如何在中陰顯現：如果行者不能像上根者一樣認出法身的離念境界，那麼住於心間中央的明覺便會進入白絲般的氣脈通道中。顯現於外的是，心和物質分離，你會失去意識七天。⑤由昏迷中清醒後，法性會以聲音、色彩、光線和光球的形式，持續顯現五天。

聲音是火大元素的自然之聲，聲音巨大而有力，這聲音轟隆作響，如同劃開夏季與冬季的閃電一般。明覺的本然光輝以清晰鮮明的色彩顯現，從色彩內部耀然四射的光芒，燦爛眩目地像是秋季曠野上的海市蜃樓。

第四，如何藉著認證自身本然面貌而證得正覺佛果：藉由修持那已被直指出的本性之後，這些音聲、色彩和光線等展現，將現爲自生的俱生智，而你便會成佛。

行者在各自的訓練與嫻熟度上是有所差異的。對那些已經訓練好本尊瑜伽圓滿次第的瑜伽士來說，聲音、色彩和光線等等展現，即是本尊壇城的自然展現，這樣的瑜伽士將以報身證得正覺佛果。

已經了悟顯相虛妄錯謬的瑜伽士，將會了知聲音、色彩與光線等等顯現如同一場夢或是幻術假象一樣，這樣的瑜伽士將會以化身證得正覺佛果。

已經認出輪迴涅槃一切現象都是個人體驗（自顯現，rangnang）的瑜伽士，將會了知聲音、色彩與光線等等顯現都是自生與自解脫的，這樣的瑜伽士將會以體性身而證得佛果。

因此，你應該以你已經得到體驗和證悟的修持來穿越中陰。

最後，有關如何投生又有五個部分。四大種消融分解的方式及思維狀態的停止，與前述

⑤一般的說法是持續三天半。舊有的計算方式使用的是十二小時半天。【英譯者艾瑞克·貝瑪·昆桑】

內容類似。

第三部分，透過八緣起⑥，意生身便逐漸成形：無明，就是無法認出光輝是你自身的自顯現。由於無明的力量，在五風聚集並形成輪迴的時候，行出現了。由於行，心識變得更加明確清楚，對客體對境的執著於是產生。接下來，中陰狀態的名色出現了⑦。心識變得更加敏銳與快速，形成了六處。觸發生在六處遇到客體對境的時候。受是快樂或痛苦的感覺。愛發生在當你因此生起了喜歡或不喜歡時。就這樣，這八個因素形成了意生身。

第四，中陰經驗如何發生：過去的習氣及業力的顯相展現而出，因此，你會經驗到自己前去往昔的家鄉和家園，也會在心理層面上與你所有的親人相伴。你的食物以及居住地是不穩定的，你的意生身必須從煙供中汲取所需食物。除了可以進入下一世投生的母親子宮內，以及趨入金剛座之外，你還可以無礙地移動。你不斷感到害怕、恐慌、處於驚懼之中，會遇見食肉魔、狂暴的野生動物、狂風暴雨和大風雪，你四處尋找避難處和藏身地。你的六處明晰，心智能力完整無損。你擁有純淨非凡的視覺，而且可以看到其他中陰有情。

第五，如何再次投生：先前的根明光的自光消退之後，你會經歷到五條凡常的光道⑧。俱生無明認不出這光輝的覺性即是你的本然面貌，而遍計無明（conceptual ignorance）則將明光概念化爲他物。由於執著於這個「他物」的顯相，你便投生到六道中，就好像山間的鹿被陷阱捕捉，或是蜜蜂困在花中。

若戀著白光，你將投生爲地獄道眾生；戀著紅光，你將會投生爲餓鬼；若進入黑光之中，便會投生爲畜生道眾生；而進入黃光時，則會投生爲人類；若戀著綠光，便會投生爲天人或是阿修羅。在那個時刻，你必須記住六道有情所受的苦，不要戀著這些光芒中的任何一者。

中陰心識可以輕易改變方向，因此如果你可以保持正念覺察，並且生起想要投生極樂世界佛淨土的深切渴求，那麼無疑地你將會投生到那裡。

---

⑥無明、行、識、名色、六處、觸、受、愛，即十二緣起的前八個。【英譯者艾瑞克・貝瑪・昆桑】

⑦「名色」這個名相指的是五蘊，其中「色」（form）是色蘊，而「名」則由其他四蘊——受蘊、想蘊、行蘊、識蘊所組成。【英譯者艾瑞克・貝瑪・昆桑】

⑧五條凡庸的光道在下一段落中會被述及。

措嘉再次提問：請鑑知我，殊勝的上師！禪修尚未穩定的瑜伽士不是應該致力於淨治障礙嗎？行者應該如何清淨修行道上的障礙呢？

蓮花生大師答道：聽著，措嘉！關於淨治修道上的障礙，有四個部分：淨治三摩地暫時體驗的障礙；清淨身體疾病和疼痛的障礙；清淨概念性思維及心中神魔的障礙；清淨由違緣引起的暫時染污所生的障礙。

第一部分，關於淨治三摩地暫時體驗的障礙：昏沉意味著無法體現燦然的明覺，無法以明性的體驗充分融會其中。由於困倦之故，昏沉於是又混雜了昏睡的狀態。

掉舉不安意指心識向外移轉到某個對境，或是追逐某件事物。外移指的是專注力無法保持鎮靜。散逸就是陷在對某個他物的感知中。不定就是可以鎮靜一小段時間，但無法長時間地維持。潛流（undercurrent）是你的注意力未被注意到正在移動著，但你卻以爲注意力仍然維持靜止不動。

掉舉不安有兩種。「他物引起的掉舉不安」意味著由於某些情境，意識變得激擾不安。另一種是「自身造成的掉舉不安」，則是在禪修之中生起了一種想著「眞安靜！眞清明！」

的細微覺受。

昏沉與掉舉是由無法專心、不知不覺陷入漫不經心之中所造成的主要過失。感到昏沉時，要將注意力引導到心間。專一且如如不動地禪修時，要保持專心和全神貫注。透過這樣的方式，你將不會屈從於昏沉或昏睡無力，而是能保持在修道上。

當感到掉舉、擾動不安時，要將注意力引導到臍下部位，保持專心與全神貫注，並如如不動地禪修。透過這樣的方式，你會變得全然專注一心，而不會成爲掉舉或散逸等過失的獵物。

一般來說，如果你的注意力很專一且完全集中的話，是不可能會變得昏沉或是掉舉的。

現在要說的是利用對三摩地有益的事物作爲道用。樂、明、無念的善妙三摩地；慈愛、悲心或出離心，抑或堅決、明確的虔敬心，這些全都有著透過身體和言語的戲論造作而來的體驗之味。這些體驗是風息，經由嘴部穿梭，其中也會發生成爲我執獵物的危險，因此使用口訣心要來體受這些體驗，是異常重要的。要了解這些都是依賴二元心而生起的暫時體驗，要保持這樣的心態，然後洞徹每種體驗的體性。保持在這相續之流中，不執著困難和愛執，然後這些體驗就會逐漸現爲無二元覺性的本質。就如此保任這般相續之流，不去攀執或助長那些暫時的體驗。

如果你感受到喜樂的體驗，要立即斷除對它的執著。如果你因爲心中湧現強烈的悲心而泫然欲泣，要了解到，見地的關鍵要點就是去認出明覺。不要沉浸在體驗的感受中，而是要維持於禪定的相續中。

體驗也可能是鬼魔的幻變呈現。爲了避免你沉溺於助長鬼魔的幻變，我將教你利用有害之體驗作爲三摩地助伴的心要口訣。

無論發生什麼事——生病、痛苦、心痛，或是強烈的疲倦，要知道這些都是暫時的體驗。不要氣餒或認爲這是不幸的事。要讓所感知的對境及能感知的心自然展現，並被解脫。不要將這些情境看成過失抑或美德，而是要讓這些情境自然而然地生起，讓它們自行解脫。

現在我要解釋如何增長這些體驗，使之超越助益與傷害。在阿賴耶識中，輪迴與涅槃的現象，自然地維持著種子的形式。在金剛身中，輪迴與涅槃的現象則呈現爲脈中字母

（nadi-letters）和風息心。因此，當你認出實相的本然面貌，並一邊運用三摩地心要來作修持時，脈結會被打開、風息心會被淨治、習氣會被淨化，你也會開始掌握到證悟的功德特質。像這樣，輪迴與涅槃的種種體驗便會生起。

如果找到一個空隙，風息是無孔不入的；如果你塑成一個概念，魔羅便會顯現。如果你漫不經心地拋棄體驗，這些體驗便無法成為修道的一部分。要知道，這種種展現都是暫時的體驗。

不要將任何事物視為過失，不要將任何事物視為美德。要遠離希望、恐懼與疑惑，要訓練自己讓暫時的體驗自然地生起、自然地解脫，如此，一切體驗都會成為修行的增上緣。

有時，在做閉關修行時，心是調柔的，在心靈修行上是有所進展的，行者會突然唱出長而優美的歌曲。其他時候，心是難以調伏的，心靈修持變弱，注意力潰散，行者感受到劇烈的痛苦。

種種高低起伏的體驗都發生在行者將輪迴與涅槃一分為二的時候。與其感覺灰心喪志或是自負，不如謹守這個關鍵要點：不執著地讓一切自然地發生吧，這樣你便可以將這些事物以爲道用。

不屈不撓地力行你的閉關修持吧，不要步入散亂的歧路中，如此，一切都將會是增上緣。

第二部分，關於淨治身體疾病和疼痛的障礙，又有五個要點：疾病所住的基礎、疾病發生的原因、使疾病出現的環境、疾病成熟後的結果，以及治療疾病的方法。

第一點，疾病以形成脈及習氣的形式，潛伏駐留於阿賴耶識中。疾病的發生是由於無明和我執所累積的有害業力。疾病會現前，則是由於煩惱、概念思維、風息（氣）、或是神祇鬼魔等等影響。疾病成熟的果即是四百零四種病，這些病以熱、寒、痰、痛和腫爲首。簡言之，俱生無明的疾病是主要的「因」，而遍計無明（概念性無明）的疾病則是主要的「緣」。

所有的疾病都具備五種元素：潛在的基礎、有害業力爲主因、煩惱爲助緣、概念思維爲連接鏈、風息（氣）爲最後裝配工、神魔爲輔助要素。

舉例來說，如果出現了寒病，此病是由於潛存在阿賴耶識的貪欲習氣所成，然後被強烈欲望之緣啓動而出現；連接鏈則是概念思維：「我病了！我是殘廢！如果情況更糟的話，該怎麼辦呢？」這會使得下行氣的功能失調，讓你暴露於陰魔邪惡力的攻擊。

同樣的，憤怒的種子爲因，被連結著概念思維的盛怒之緣所啓動，這使得隨火的風息的功能失調，讓你暴露於陽魔邪惡力的攻擊，引生熱病。

愚癡的種子爲因，被強烈愚癡之緣所啓動，又與概念思維的環鏈連結上，這使得「等住氣」功能失調，讓你易於被邪惡的「地靈」所攻擊，引發黏液疾病。

嫉妒的種子爲因，被強烈妒忌爲緣所啓動，又與概念性思維的環鏈連結上，這使得「上行氣」功能失調，讓你易於被妖精妖怪的邪惡影響力所攻擊，引生疼痛的疾病。

傲慢的種子爲因，被強烈自負之緣所啓動，又與概念性思維的環鏈連結上，這使得「遍行氣」的功能失調，讓你易於被非人鬼類的邪惡影響力所攻擊，引生腫脹的疾病。

由於疾病的成因是無明，因此你必須要認出俱生智，才能治療這些疾病；由於疾病生成的助緣是煩惱，因此你必須要讓注意力安頓在平穩安定的狀態中；由於連接者是概念化思維，因此你必須徹斷念想的束縛；由於結果的匯集者是風息（氣），因此你必須專注在氣的心要上；由於後援者是神魔，所以你必須要徹斷神魔有所存在的念頭。如此，你將能遠離所有的疾病。

關於疾病本身的治療，有三項要點：最好是能夠讓疾病自行解脫；次好的是捨棄驅邪除魔或禪修的參照點；最後則是透過觀想來治療疾病。

第一項：連一帖藥都不要服用，也不要唱誦任何療癒的儀軌。不要認爲疾病是個過失，或將疾病視爲某種善德。讓你的心保任在不造作與自然任運的狀態中，如實安歇在離戲純然的自然離念狀態中，不加干涉。如此，概念化思維的流動會被切斷，離念的本覺露出曙光，而且疾病會被淨除，疾病和念頭於此同時解脫了。

也就是說，前行是不要追逐疾病，正行是不要讓疾病壯大，結行是不要執著生病的感受。透過這些要點，你將會淨除舊疾，而且不會再被新的疾病所傷。

第二項，驅魔或禪修，又分爲三個部分：轉化逆境、直接斷除，以及平等性。

首先是「轉化逆境」：要帶著感激之心看待疾病，一再一再發想：「疾病啊，就是因爲你，我得以切斷概念之魔，多麼奇妙呀！」讓你的心保持愉悅歡喜，吃點能夠消除疾病的食物，並以逆向操作的方式來面對疾病。

接著，可以吃些新鮮的固體香膳，溫的、但已經沒有冒著熱氣。喝些溫暖、散發著強烈氣味的「芬芳流體物」。藉由氣的修持，上半身的疾病會被吐出，下半身的疾病則會被排洩出來。這個使疾病消退的過程，就是切斷的藥方。

第二部分是「直接斷除」：臉上要展現出歡喜幸福的表情，並且停止自憐自艾的哭泣。在心理上，則要直接將「生病且身體虛弱怎麼辦呢？如果死了怎麼辦呢？」這些想法所帶來的憂慮、希望及恐懼徹底斷除；要將這些憂慮遠遠地拋諸腦後，不必加以理會。

第三，為了達到平等性，你必須在不幸的逆境一發生時，就立刻將之作為道用。提高你的覺性，提醒自己作心性的修持。不要用觀想修持來對抗疾病，也不要應用任何療癒儀軌或是醫學治療，而是要深入檢視是誰在生病！安住於那個相續之流的境界中，當禪修體驗生起時，這體驗自身又會自行消失了；而當了悟生起時，這份了悟則會現前為對空性的認知。最起碼，你將不再會因感覺生病的念頭而受苦。

最後一項是透過觀想的方便法門來治療：生起菩提心、採用盤坐的姿勢，然後觀想自己爲本尊。想像一個深藍色、大麥粒大小的「吽」字在你的心間。要治療的若是熱病，就想像一個白色、大麥粒大小的吽字，由你的心間的吽字浮現出來，在上半身遍佈地繞行。白色吽字完全將疾病抽取出，就像磁鐵把針吸附過來一樣。然後吽由你的頭頂浮出，消失在虛空中。這樣觀想著，將氣向上運行。

如果要治療的是寒病，那就觀想一個紅色、大麥粒大小的吽字從心間的吽字浮現，遍佈繞行下半身。紅色的吽字從下方孔隙浮出，想像吽消失在大地中央。

如果因手臂與腿上的病疾而受苦，像是瘡或是腫瘤，就觀想一個黑色的吽在病灶。觀想這個黑色的吽字把疾病收集起來，穿透瘡而離開，或是從你的十指尖穿出去離開。

關於還沒被診斷到的疾病，可以觀想一個深藍色的吽，從你心間的吽字浮現。深藍色的吽收集遍佈在你體內的一切疾病，然後從呼吸移動出入的任一鼻孔中浮出去後，消失在半空中。

一般來說，當安住在禪定中，你的心應該會轉變爲離念的體性。你必須將一切憂慮都拋得遠遠地，並遠離對所驅除或觀想對境的疑慮和猶豫。觀想境與你的心應該合而爲一。依止這三項要點，並對之保持專注力，是非常重要的。

現在要談的是因抱持「有神祇鬼魔」這類想法的心理狀態所引生的障礙，應該如何淨除。

當你經常有禪修體驗時，由於脈的構造與念流移動轉換之間的連結⑨，你將會被所謂魔勢力的種種幻變所襲擊，並感到疑慮。當恐懼害怕的想法生起時，要迅速辨認出，然後將這些想法作爲道用。如果你任由這些想法坐大，或是屈服於它們的力量，這些想法就會成爲修行上的障礙。

再者，除非你把高低起伏的任何障礙都作爲道用，否則障礙將會帶著更大的力量回來，變成修行的大障礙。將障礙作爲道用是極其重要的。

⑨這個教授指的是氣與二元心智的不可分。身體中的能量流與概念思考之流兩者息息相關。【英譯者艾瑞克・貝瑪・昆桑】

基本上，若是想穿越自身念想思維的危險狹路，就要將障礙作爲道用。邪惡力量與魔力幻現的體驗，是你自己錯覺的心所體驗到的；在自身之外，絕對沒有任何「神祇」與「鬼魔」。一體驗到邪惡力量與魔力幻現的瞬間，就應該立即運用這樣的關鍵心要：要了解它們並不具有任何眞實的存在性，因爲它們並沒有生、住與滅。每當魔障攻擊出現了，就採用你的瑜伽姿勢，保持目視，深入觀照這些鬼魔幻變的本體，然後念頭會現前爲空性的認知。你的想法一轉爲空性的認知時，你便會擁有了徹底斷除恐懼與害怕的確信勇氣。

即使群魔如軍隊一般環繞著你，也無法動你一根汗毛，也無法製造出任何障礙。因此，自己要確信地想：「我是無法被障礙所傷害的！」若是膽怯地想著：「不知道是否會遇到什麼障礙？」這樣只會門戶洞開地歡迎魔羅的到來而已。

體驗到神與魔的一切經歷，都只是你自己概念思考的形象化。在自心之外，神和魔連一個原子也不存在。斷除概念思維之念流吧！把你的五蘊當作薈供供養出來吧！把你的身體當作食物來布施吧！捨棄我執，好好運用精髓心要，進行修持吧！

現在要說的是如何驅散由突然發生的穢氣所造成的障礙。當你與以下友人見面或共享食物時，便會被穢氣所染：毀損三昧耶、破戒、犯下邪惡行爲的友伴；或是去接觸痲瘋病患、配偶剛過世的人、或內心邪惡的人；或是由於待在發生惡行、有惡鬼、有仇恨敵意或道德染穢的屋子中。食用那些透過仇恨、道德染損、或是邪惡行爲而獲得的食物時，你也會被玷染。然後你的身體害了病、你的三摩地衰弱動搖，護法也很不悅。

你的三昧耶和戒律毀損的徵兆，是會夢到你正在墜落或是走下坡路。由於友伴而被玷染時，你會夢到自己被他人的髒污給玷染了。被居住地玷染時，你會夢到自己進入到一間骯髒的房間。被食物玷染時，你會夢到自己正在吃污物。

療癒這種情形的最好方式，是透過灌頂和修法儀軌，次好的是透過陀羅尼咒語，第三好的是透過淨化儀軌。要盡力用各種方法來遣除染垢。

〔伊喜．措嘉〕又問：偉大的上師，請鑑知我！瑜伽行者應如何透過遣除道上的障礙，爲修道帶來增上的進展？

上師答覆：措嘉，爲修道帶來增上的進展，有三個要項：要去除會妨礙增上進展的過失、要打好增益修持的基礎，並努力修持能讓增上現前的方便法門。

第一項，過失的根源不外乎就是我執，也就是一種迷妄耽執的心態，因此，斬斷我執的束縛吧！拋開對敵人和朋友的執著吧！摒棄世間八法吧！放棄對物質的追求！除了佛法，沒有別的，眞摯地投入修行！

就好比幼苗不會長在石頭上一樣，不除去我執的過失，就不會有增上與提升。因此，你應該放棄一切罪惡的根源——我執。

第二項是關於打好增益修持的基礎，要對你已進入的任何修行道保持堅持不懈的精神，並且努力體現功德特質。若是投身眾多修持，卻連一種修行法門都沒有扎實專修，這樣是無法修持成功的。你要了解獻身修道以及遠離修道的關鍵要點：要投入你得到體驗的那個修道中，並離開其他的修持！全心全意地專注投入，直到你對那個修持建立了確信爲止。若不依靠較低階的修道，是不可能掌握更高階修道的。藉由這樣的訓練，猶如將健康種子種植在肥沃土壤中一般，你將會得到體證、見到自身的體性，並不斷向前進展。簡單來說，密集的訓練即是功德特質生起的基礎。

第三項是關於增上進展發生的部分，有兩個要點：一、提升你選定的某個修道；二、提升新近生起的體驗與了悟。

一、如果你以方便道在修持某個教法，卻沒有任何進展，這是因爲你執著了此方便道有實體和屬性，而使得方便道變得有所偏頗了。如此便要透過般若智來增益修持——了解一切現象都是沒有自性的。

如果你在修持有關般若智的教法，卻沒有什麼進展，這是因爲你偏執空性而使般若智成了缺失。如此便應專注於因果的心要，並藉由方便法門的教法來增益修持。

同樣的，修「止」卻沒有進展，是因爲不了解本然狀態所造成的過失。如此就要透過「觀」，也就是對實相的認識來增益修持。

修「觀」卻沒有進展，是起因於止時間太短所造成的缺失。如此就要透過穩定的正念覺察和「止」來增益修持。同理，要知道這個原則也適用於各類上座與下座禪修的狀態。

這便是能在日常修持中增益修持的關鍵要點。

二、關於提升新近生起的體驗與了悟，包括了透過煩惱來提升，以及透過概念或念想來提升。

第一點，透過煩惱來提升：沒有任何人是沒有煩惱的，但你若步入執取實有的歧路中，情緒或煩惱將不會成爲修道的一部分。你必須認清這些煩惱情緒，並且以之作爲道用。關於這點又有三個要目：做不到的缺失、如此實行的善功德，以及實行的方式。

看到美麗的人或非人眾生時，你的心被（欲望）所佔據。此處的缺失是，貪欲高漲時，你會造惡業、罹患寒病、或被邪惡的女魔（dön）力量攻擊，未來也會被懷入子宮內。這樣一來，你必然會受制於因果業力。

第二要目說到的善功德是，如此提升之後，你可以如你所願地懷攝人與非人、生起大樂空性的三摩地、免於寒病、有女性護法的陪伴，而且最終會投生到極樂世界。

當你感受到強烈的貪欲時，你可以就在那一座禪坐中，以此貪欲爲道用。不要對著豬鼻丟石頭！⑩要趁酥油燈還熱的時候清理酥油燈！一抓住敵人就要殺了他！

首先，讓貪欲完全展現全貌；然後，在造業之前，將之作爲道用。由於是你自己的心讓貪欲的耽執固化、具體化，因此當這個心態本身揭顯爲無相覺性時，吉祥緣起便圓滿而成了。若沒有這本覺作爲基礎，貪欲便無法成爲修道。這就好比除非鏡子清淨無垢，否則鏡中影像便無法被看到一般。煩惱的力量完整地展現出來。當我們在本覺的境界中經歷情緒時，就不會造作出業力。在其他任何念頭打斷貪欲之前，貪欲就被作爲道用了，這就好比「哲學家的石頭」的譬喻一般。

將貪欲作爲道用的實際方式是，深觀貪欲本身，讓貪欲處於本然狀態之中，不加干涉，然後貪欲本身會清晰鮮明地顯露爲赤裸離念的本覺；在本覺當中，大樂與空性是無二無別的。

⑩祖古烏金仁波切解釋：豬鼻是豬身上最敏感的部位，敲打豬鼻會使豬立刻逃跑。內疚和壓抑的反應或是盲目捲入情緒中的反應，兩者都是「棒打豬鼻」，從而喪失了認識這個情緒本質的機會。

此外，當你如此修持訓練時，也要藉由慈心、悲心與菩提心，將貪欲作爲道用。首先要生起菩提心；接著，要遠離心念造作；最後則封以迴向。由於生起了菩提心，你的情緒變成證悟之道；由於讓貪欲住於遠離造作的境界，了悟會生起；而由於封以迴向，善根於是圓滿了。

從貪欲生起的那一刻，直到你以之爲道用爲止，要藉著這樣的方式，不散亂地針對每一個心念來訓練自己。從生起菩提心到封以迴向的行持之間，不要被其他念頭中斷；如果中斷了，貪欲就不會成爲修道。

同樣的，心要也適用於其他情緒，諸如憤怒、昏沉、驕傲或妒忌等等。不散亂地將這些情緒作爲道用，然後讓這些情緒本身揭顯爲本覺，讓這些情緒展現全貌，但不要造作任何業力行爲。

第二點是透過概念或念想來提升，有兩個部分：好的念頭與壞的念頭。第一種是當你有短暫「好體驗」的興奮狀態、或是領受到本尊的預言、或是遇到明顯的吉祥徵兆等等，你便認爲這些事件是善妙的，你細想著它們的好處或優點，品嚐著它們的滋味。如果你想讓這些體驗變得更好，體驗便會消失；如果你漠視這些體驗，修持也不會有所增長。

爲了讓修持的進展得以現前，不要沉迷在「善」念中，不要執著那是好的功德、不要沉溺品嚐那樣的滋味。你所認爲的「善」，只來自你心中。要運用以上所說的方法，莫因其他念頭而分心，如此將善念以爲道用，直到心本身揭顯爲本覺爲止。

另一種則是不悅的體驗、心靈混亂、或是鬼魔的幻變攻擊。一般來說，你會認爲這些事件是負面的，認爲這些都是過失，也重複咀嚼著它們的滋味，這麼做的結果是讓這些事件變成了障礙。不要排斥壞的想法，不要認爲這些是不利的，不要沉溺其中。「不好」只是自心的幻變創造。要以前述的方法將之作爲道用，直到它們本身揭顯爲本覺爲止。

到此爲止所說的這些要旨，是瑜伽士修行道上必備的要點。

現在要說的是已圓滿修道的果，其中有四個要項。第一項是利益有情眾生的行持方式，第二項是智慧心持續的方式，第三項是以悲心看待那些被調伏者的方式，第四點是對他人錯誤想法的駁斥。

首先，障礙修道的染垢被淨治時，你了悟了本然和本初覺醒的境界，其中有四個面向：義境、言詮標記、本體和顯現的方式。（亦可說爲：）五身爲基礎、傳遞意義的五種言詮方式、離念之心的五種形式；圓滿願望的五種功德、執行利他的五種事業。

第一是五身。法身是無生、清淨、不受限制的，而且作用爲四智慧身的基礎。報身是有圓滿特質的本覺，受用著現象的多元多樣，但卻不執著；報身又作用爲化現的基礎。化身幻化般地依照被調伏眾的心性而有所顯現，但不離於法身；化身又作用爲智慧特質的基礎，這樣的智慧特質會以必要的方式，對那些需被調伏的有情眾生展現。金剛身亦即本覺，也就是示現眞如性的覺空不二。現證菩提身是不可分的無畏性，體性恆常，自然任運地感知一切現象爲無方所且自然覺知的本覺。

第二是五種言詮方式：法身的究竟言詮，也就是「所表之義境」，是構成一切思想與表達之「基礎」的全然清淨覺性。報身有寓意的象徵性言詮，是「以有形之相的呈現來傳達義境」的本覺。化身的辭語言詮，是「以六十種悅耳的聲音與六道有情眾生溝通」的本覺；這樣的辭語言詮，會依照調伏眾的經驗範疇，對每個字詞的意義給予解說，使其明瞭。金剛智慧的言詮是「傳達可經耳聞之無二空性」的本覺。現證菩提自然認知之明覺的言詮，是認知一切音聲即是明覺的本覺，透過那有著心之五種智慧的加持來闡明義境。

第三是覺醒心的五種形式。大樂之心即是空性本然性的離念覺性。無念之心即是認知現象、但不將現象概念化的本覺。平等心即是一切現象無二元的本覺。金剛心即是一切現象顯空不二的本覺。解脫眾生之心是透過四種無執的佛行事業爲有情的福祉而運作著。

第四，五種功德即是淨土、宮殿、光輝、寶座和莊嚴。法身淨土是法界自性清淨的虛空，報身淨土是自性光輝的「光輪」，化身淨土即是十億娑婆世界。

法身宮殿即是奧明淨土的法界，報身宮殿即是個別體驗的本覺，化身宮殿即是從個別體驗中生起的曼達壇城。

法身光輝即是五智的光輝，報身光輝即是閃耀著五色光的智慧自性光輝，而化身則擁有由色身每一部分閃耀而出的六十億道光輝。

法身寶座即是一體見地的寶座，報身寶座即是一體知識（智慧）的寶座，而化身寶座則是一體悲心的寶座。

至於莊嚴的部分，法身有無生清淨（nonarising purity）作爲嚴飾。報身有不滅的自覺知（unceasing natural cognizance）與殊勝的主、隨徵相作爲嚴飾，另外還有十種象徵性的莊嚴：佛冠、耳環、疊繞項鬘和短項鍊、臂環、兩手鐲和兩足環，以及長項鍊。化身的嚴飾則是一般所說的三十二相與八十隨形好的徵相。金剛身及現證菩提身的功德特質則未被提及。

五種事業是：平息業力與煩惱；增益壽命、福德和自覺智（naturally aware wisdom）；能懷攝心、明覺及輪迴涅槃的一切現象；去除無助益的事物；了知本然境界的直接行持。

現在要談的是（已圓滿修道的果，第一項）利益有情眾生的行持方式，其中又有三個面向：有依憑的行持、無依憑的行持，以及自性行持。

有依憑的行持意指，以法身的無二元本覺作爲基礎，透過報身完成清淨眾生的利益，透過化身完成不淨眾生的利益。這是從本智有所現前的角度來說。

無依憑的行持意指，儘管正覺佛果的智慧並非由實存之人我所成，但佛果卻在調伏眾的感知中顯現兩種色身來完成眾生的利益。這是從本智無實存的角度來說。

透過自性行持來完成眾生的利益指的是，透過有爲諸法之本性「毫無實存卻以無限可能的方式而顯現」的種種表述或表達；這是上述兩種方式的無二之道。

深入解釋的話，「做者」（doer）即是名爲持金剛的任運顯現五身。五身只是佛功德的分支，並不是五個具體獨立的實體。金剛身與現證菩提身是三身之面向的名稱，法身、報身與化身則是實際上所說的佛身。

法身，也就是自利的了悟面，並不執行利益有情眾生的行持，兩個色身執行利益有情眾生的行持；這意思是，報身執行的是「利益十地菩薩等清淨眾生的行持」，化身執行的則是「利益六道不淨眾生的行持」。

法身的十二行、心的六神通，以及四種不可思議，此三者的根基以不可思議的方式執行利他的事業。至於執行的方式，細分時，爲無上語十二相；濃縮時，是三藏的三部集成；談到對治面時，是具有修補作用的淨化者；而以因和果的角度來看的話，則是密咒乘與性相乘。

諸善逝常駐於二諦雙融之本智心的基礎狀態，不落入任何邊見，非同一也非相異（非一非異）。究竟的果即是了悟那無別於正覺者遍知智慧心的本覺，並保任於其中，不偏執任何邊見，遠離了一與多，而且超越同一與相異。

本初智慧心的基本狀態是並非是「一」，因爲普賢王如來的功德分中展現了二十五果法；它也並非是「多」，因爲二十五果法的展現就包含在普賢王如來心獨一、本自存在的覺性中。更進一步來說，本初智慧心並非是「一」，因爲在受調伏的有情眾生的知覺中，它顯現爲具有三身的諸佛；它也並非是「多」，因爲這些並非是眞實或實質的多個實體，而是融合在空性、無我中的一體。

如果本初智慧心眞是「一」，那麼心念諸種狀態的轉化就會是謬誤的；而如果此心眞的是不同實體，那麼單一佛也就不可能展現爲種種不同的化現。因此也得知，本初智慧心住於非一與非異的狀態中。

觀待調伏有情眾生的方式，以及對不正確想法的反駁如下：被觀待的對象是待調伏的有情眾的習氣顯相；觀者則是力行教導的佛之悲心。觀待的方式有三個部分：如實知曉事物本質的智慧（如所有智），看到一切現象是無生的；了知一切存在現象的智慧（盡所有智），則看到一切現象是無止盡的；而了知無二元的智慧（無二智），則看到所有現象是無二元的。現在要駁斥他人的不正確主張⑪。仔細想想這個問題：被觀待的對境，亦即有情眾生的

⑪ 接著數行是以一位印度班智達的邏輯風格來寫作的。這個推論行列所得到的最終結果，是確信諸佛的本初智慧心，能粉碎我們試圖歸納的任何思想戲論。【英譯者艾瑞克・貝瑪・昆桑】

習氣顯相，是否存在於佛的經驗中？假設眞實存在，那麼這些迷惑的經驗一定得是實存的實體，因爲它們出現在眞實的體驗中；然而以邏輯上必然的結果而言，被觀待的對境究竟上必定是虛假的。如果有情眾生的習氣顯相並非虛假，這樣一來，佛的感知勢必會變成是錯誤的，因爲會將事物看成非此物的樣子。這就會像是看到兩個月亮的眼識（是錯亂的），因爲佛竟然看到了眞實存在的實體⑫。由於這並不會是合理的，因此我們得知，二諦是不可分的。

奇異哉！

這是殊勝之乘的無上秘密法教集結，

是了義的眞實心要、

是一生成佛的捷徑。

與此教法連結上，追隨吾之勸誡的你們

是幸運的具福者、是烏底亞納的心子！

祖靈的女兒

排灣族女巫包惠玲Mamauwan的成巫之路，與守護部落的療癒力量

口述／包惠玲（嬷毛灣Mamauwan）
撰文／張菁芳
定價／460元

★要成為女巫，需要有特殊的能力和身分？還是有心就能學會？

★女巫究竟是怪力亂神？還是鞏固、療癒部落的中心支柱？

包惠玲自從小時候目睹父親溺水身亡，便發現自己具有容易感知及接收夢兆的靈媒體質。二〇〇七年達仁鄉公所破天荒地開辦了全台第一屆「女巫培訓班」，讓她開始了這條漫長的習巫之路……

背誦經文、繁雜的祭儀程序、被附身的恐懼皆讓包惠玲在這條學巫之路舉步維艱，但秉持著頭目本家的責任感，和看著部落面臨女巫短缺的困境，她終究還是接下首席女巫的大任。

延伸閱讀

風是我的母親
一位印第安薩滿巫醫的傳奇與智慧
定價／350元

祖先療癒
連結先人的愛與智慧，解決個人、家庭的生命困境，活出無數世代的美好富足！
定價／550元

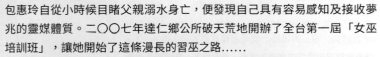

佛陀的女兒
蒂帕嬤

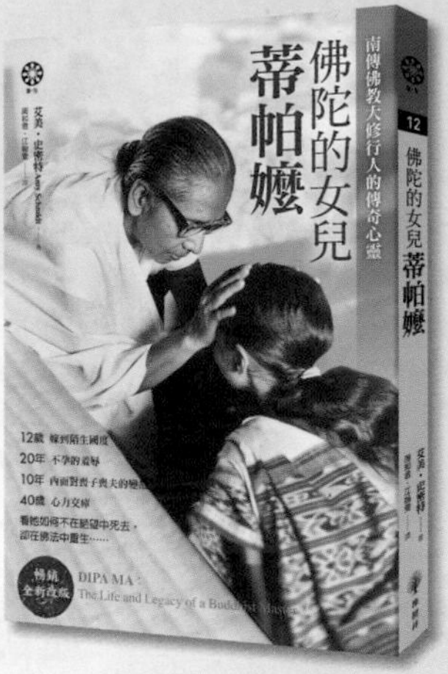

作者／艾美·史密特 (Amy Schmidt)
譯者／周和君、江涵芠
定價／320元

～AMAZON百位讀者5星好評～
中文版長銷20年，累銷上萬本

無論我們內心有多麼失落，對這個世界有多麼絕望，不論我們身在何處，蒂帕嬤面對曲折命運的態度，一次又一次地展現了人性的美善與韌性，療癒了許多在悲傷憤怒中枯萎沉淪的生命，更重要的是，她從不放棄在禪修旅程中引導我們走向解脫證悟。

延伸閱讀

森林中的法語
定價／320元

與阿姜查共處的歲月
定價／300元

橡樹林全書系書目
橡樹林好書分享
橡樹林

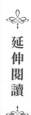

這個《除障珍寶寶庫》
是極爲精要且光明的一盞燈，
猶如太陽與月亮的光芒，照明了圓滿次第。
未來，一位被授記的秘密瑜伽士
將會與這些心要教授相遇，
因此，措嘉，將這些教法以伏藏隱埋起來吧！
十二地母啊，要護衛這個法教！
從現在起六百三十年後，
一個被授記、有著憤怒相且精通伏藏的人
將會從東方出現；要將此法教託囑給他！
當這位被授記的人接觸到這些教授時，

⑫ 按壓眼球會看到兩個月亮的例子，通常被用來說明個人性的經驗不必然與事物的本質一致。【英譯者艾瑞克·貝瑪·昆桑】

他不應該隨意顯露這些教授，
只應該在檢視誰是具格者後，才加以教導。

上師如此說道。

明妃措嘉將這個教法，藏在像是一窩毒蛇的北方半山坡上的海螺白珍寶中。

這個伏藏是由仁增·果齊·登楚·堅，一位長有鷹羽的持明者，取自像是一窩毒蛇的半山坡上的海螺白珍寶。

三昧耶，封印、封印、封印！

7 如何正確修持佛法

烏迪亞納國的上師——蓮花源，受西藏國王邀請前往西藏後，住在桑耶寺。上師在主殿的東廂給予國王、朝臣及其他虔誠的信徒許多法教開示。由於這些人的理解並不正確，所以上師再三給予以下這個忠告。

蓮花生大師說：無論我教了多少法教，西藏人還是不了解，反而光是做一些墮落曲解的行爲。如果你衷心想要修持佛法，就應該這麼做：

成爲一位佛教在家居士，並非僅只是去遵守四根本學處，而是要將不善的惡行完全斷除。成爲一位沙門（shramana），並非只是裝出某種清淨的外相，而是要正確地修持善行。成爲一位比丘，並非只是意味著在日常活動中控制身、語、意，或被禁止去做這做那；成爲比丘，意指要以一切善根作爲大證悟修道之用。

善良正直並非僅是去穿上黃色的僧袍，而是要對業力的成熟有所畏懼。成爲善知識，並非只是裝出高貴的舉止，而是要成爲所有人的吉祥守護者。成爲一位瑜伽士，並非只是行爲不羈不加修飾，而是要讓自心與法性的本性雙融合一。

成爲一位密咒師，並非是指〔懷著惡意〕暗中唸咒，而是要透過方便與智慧雙融的修道迅速獲得證悟。成爲禪修者，並非只是住在洞穴中，而是要以〔本然境界的〕眞實義來訓練自己。成爲隱士，也不只是住在森林深處，而是說自心已遠離了二元戲論。

博學多聞並不是去擁護或贊同世間八法，而是要清楚分辨對與錯[①]。成爲菩薩，並不是在心中維護自我利益，而是要致力於能使眾生解脫輪迴的方便法門。

有信心並不是指哭泣嗚咽，而是出於對生死的恐懼而進入正確的修道。精進並非是指不停地參加活動，而是要投身於能夠脫離輪迴的方法。慷慨並不是指帶著偏見與偏頗心來布施，而是要深深地遠離對任何事物的執著。

口訣教授並不是指許多成文的書籍，而是指短短幾句在你心中當頭棒喝的要義之語。見地並非僅是指哲理，而是指遠離了概念造作的邊界。禪修並非是以心念固著於某物上，而是

---

① 此處，蓮花生用了「八種世俗的關切」的名相。在這裡，關切（concerns）與法（dharmas）同義，但其他時候「法」指的是佛法法教。【英譯者艾瑞克・貝瑪・昆桑】

指自心穩定地住於本然覺知中，遠離執著。

自然任運的行持並不僅是指瘋狂放縱地行動，而是指不將迷惑的感知執爲實有。分別智指的並不是錯謬概念之下的敏銳智力，而是了解了一切現象都是無生的，毫無概念造作。聞學並不僅是指以耳朵來領受法教，而是指切斷錯誤的觀念，並擁有超越概念心的了悟。思維並不只是追求概念思維並假定結論，而是指切斷迷妄的攀執。果並非僅是指從奧明淨土迎請的二色身，而是認出自心本性，並於其中穩定保任。

不要將語言文字誤認爲是法教的眞實義，當下就要將修行融入自己的生命中，從輪迴中獲得解脫。

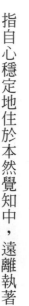

8
杖指老人

當偉大的上師蓮花生居住在桑耶寺的大岩蘭若時，有一位未受教育的六十一歲老人——族性拿葛的喜饒．嘉波，他對上師有著最深切的信心及強烈的虔敬心，服侍了上師一年。這段期間，拿葛並沒有請求任何法教，上師也並未給予他任何教法。一年後當上師打算離開時，拿葛供養了一個曼達，上面擺放著黃金做成的一朵花，然後說道：「偉大的上師啊，請仁慈地顧念我。首先，我沒有受過教育；其次，我的智力薄弱；第三，我年老了，所以我的身體四大已經耗損了。我懇求您賜予法教給一位站在死亡邊緣的老人，請賜予我簡單易懂、可以徹斷疑惑、容易了悟與運用、見地有效，並可在未來世中幫助我的教法。」

上師將自己的手杖指向這位老人的心，然後賜予了這個教授：注意聽啊，老人！深入觀照自身明覺的這個覺醒心吧！覺醒心既沒有形狀，也沒有顏色；既沒有中心，也沒有邊際。最初，它並沒有起源而是空性的；中間，它沒有所居之地而是空性的；最終，它沒有目的地而是空性的。這空性並不是由任何事物所製造的，而且清明又具有覺知。當你看見了這點並認出空性的時候，你便了知了你的本然面目。你了解了事物的本性，於是你便是看到了自心本性，你會對實相的根本狀態生起定見，也會徹斷對智慧的困惑。

有著明覺的這個覺醒心，並非由任何物質所造；覺醒心是本自存在的，而且是你自身本有的。這是很容易了悟的萬物本性，因爲這本性不必在他處尋得。這即是自心本性，而這本性並非由某種可攀執的實質感知者和所感知對境所組成。自心本性使常見與斷見的界限邊見消失了，在這樣的本性中，沒有什麼需要覺醒；證悟的覺醒境界即是你自身自然清醒的明覺。在這明覺中，沒有什麼會下墮到地獄，明覺本來便是清淨的。在這明覺中，沒有什麼需要實踐的修持，其本質即是自然覺知的。這個本然境界的殊勝見地就在你自身內，這是無法從他處尋得的，你必須如此生起確信。

當你如此了解了見地，並想要將見地運用在你的經歷中，那麼不管你身居何處，都是你的身體所成的山林閉關隱修地。無論你感知到什麼外在顯相，都是自性本然生起的顯相，也是自性空的空性；就這樣讓外在顯相如實呈現，遠離心智概念的戲論造作。本然自性已解脫的顯相成了你的幫手或友伴，你已能夠以顯相爲道用而進行修持。

於內，無論內心有何變動、無論你想到什麼，這些都是無自性而爲空性的。想法的種種展現是自解脫的。當你憶持自心的體性時，你便能夠將想法作爲道用，而且這個修持是很容易的。

最密的建議則是：無論你感受到什麼煩惱，要深入直觀，於是煩惱便會不留痕跡地消退。如此，煩惱便自解脫了。這是很容易修持的。

當你可以這樣修持的時候，你的禪修訓練便不會侷限在座間而已。由於了解萬物都是幫手或友伴，因此你的禪修體驗不會變易、本然自性不會間斷止滅、行持也是自在解脫的。無論身居何處，你都不再與內在本然的自性分離。

一旦了解到這點，你的物質色身也許垂垂老矣，但覺醒心卻是不會老化的。覺醒心清楚了解年輕和年老並沒有差異、本然自性超越了偏見與偏頗心。當你認出明覺和本然覺性就存在於自身中，便沒有利根器與鈍根器的差別了；當你了解那遠離了偏見與偏頗心的本然自性就存在於自身中，便沒有學問大小的差別了；即使支托著心的這個身體散滅了，明覺智慧的法身也不會止息；當你能讓此不變或不動的境界穩固時，便沒有長壽或短壽的差別了。

老人家，好好修持這眞實義吧！將這修持謹記於心！不要將文字錯認爲意義，不要與你的友人，即勤勉精進，相互分離！要以正念覺察來擁抱、體驗萬事萬物。不要沉溺在無用的閒談及無意義的流言蜚語中。不要投入凡俗的目標！不要讓自己因擔憂子孫而受到擾亂！不要過度渴求飲食！要讓自己平凡地死去①！你的生命就快耗盡了，因此要勤奮精進！好好修持這個爲一位面臨死亡邊緣的老人而說的教誡吧！

由於以手杖指向喜饒．嘉波的心間，這個教誡於是被稱爲「杖指老人的教授」。拿葛的喜饒．嘉波後來證得解脫，並獲得大成就。

卡千的公主爲了未來世代的人們，寫下了這些內容，並以「杖指教授」的名稱而受人稱聞。

① 相對於一個富有、有名望或是有權威的人。

9 關於修持的口訣教言

頂禮上師本尊空行　吽

偉大的上師蓮花源，支托著諸佛言教的生命之柱，幫助西藏的人們進入佛法之門。雖然他們想要皈依三寶，卻不知如何將自心轉向眞正的修行。當疾病等不幸降臨在西藏人身上時，他們膽怯地求助於占卜、民俗咒語或修法儀式，以及占星術。因此，蓮花源給予他們這則有關修持的口訣教授。墮落時代的西藏行者，認眞謹記這則建言吧！

爲了使你的心靈修持具有意義，每當你需要解藥或對治法時，就實際運用這個建言吧。當遭遇可怕的經驗時，要將三寶皈依境憶持在心。在所有日常活動中，像是走路、四處移動、躺臥或坐下的時候，都要將你的上師憶持在頭頂。若與菩提心分離，便會導致大乘根基的腐敗，因此，切莫讓自己忘失，要時常生起無上證悟之心。

布施時生起吝嗇心，會使你投生爲餓鬼，因此，贈予再小的物品時，也不要步入吝嗇的歧路中。持守禁慾誓戒時，生起貪欲將會使你投生於有腐臭屍體的地獄中，因此不要對性交生起渴望。在訓練安忍與菩提心時，生起瞋心會使你經歷在鐵箱內燃燒的爐灶中被焚燒的痛苦經驗，因此，切莫離開安忍的盔甲。

在努力試著成就無上證悟時，如果你不知不覺陷入怠惰之中，要謹記，你的生命正在耗竭，連一刻都不逗留，因此，切莫成爲怠惰的獵物。你的壽命日夜不停地流逝，好好記住這點吧！

持守已排定的心靈修持時，最重要的是記得將持戒的功德在日間和夜間迴向六次。睡覺若睡得像一具凡俗的屍首，那就比牛更不如了。得到人身卻不修行佛法，比起全身化膿的無賴漢更加下劣。清楚了解善行與惡行後，卻不畏懼業力的成熟，便等同於精神錯亂。要了解，即使違犯小惡，都會成熟爲高山般的巨大苦難。要好好記住這點！

即便是最小的善行，都要像珍視自己的心一樣好好珍惜，這是最重要的。取走他人的性命跟謀殺自己的父母或小孩毫無差別。一看到女人就生起貪欲，會使你投生爲子宮中的微生物，因此要服用出離心的解藥。沒有經過允許卻想取走屬於他人的物品，會使你多劫都生而窮困。也要留意在此生涉入農業、畜牧或這些產業的受僱者所將造成的不幸。

不要想：「像我這樣惡業纏身的人，怎麼修行佛法？」而讓自己氣餒。即使是受福佑的聖者釋迦牟尼佛，也一度只是南傑——一位陶匠的兒子。不要爲自己擁有的膚淺善根而自視甚高，感到驕傲或是自我膨脹。即便諸佛的遍知與功德無量無邊，他們卻一點都沒有我慢心。

遭遇不幸時，如果你不信靠三寶，卻去求助民俗療癒儀式或修法，皈依世間神祇，那就象徵著你已經對大乘教法生起了錯誤見地。別讓佛陀教法蒙羞！

每當你因不幸或是疾病而受苦時，要想：「這會償還我累世的業債，也會淨化我的惡業！」無論你經歷了什麼快樂，都要將之視爲三寶的恩德，並生起強烈的虔敬感激熱望。當你遭遇敵意和仇恨時，要想：「這是幫助我培養安忍的好友伴！」想著：「這位協助修持安忍的幫手，是諸佛最勝者派來的信差！」

當你的親朋好友表露出愛意與情感時，他們其實是輪迴的束縛，因此要想：「這些束縛是魔羅遣送來的障礙，爲的是阻礙我成就無上證悟！」也要想著：「三界一切有情眾生都是我自己的父母，父母流轉在輪迴中，多麼可憐啊！但只是憐憫他們是不夠的，我應該藉由四無量心和其他種種方便法門，引領他們出離輪迴，直到輪迴空盡！」要好好將此謹記於心。

此生中，無論你遇到何種享受或分散你注意力的事，要想：「這是魔羅的誘惑，爲的是阻止我得到無上證悟。這個魔羅比毒蛇還可怕！」要把這點謹記於心。雖然此生中你可能擁有完滿的境遇，但這些境遇是無常、愚蠢無益且短暫的。要把這點謹記於心。

無論你在這個世間要努力達到的是何種成就，那些都只是無常短暫的，而且將會讓你受到迷惑煩惱的折磨。要把這點謹記於心，要努力讓自己遠離這種迷妄！可確定的是，你必定會離去，整個王國、所欲求的一切以及財產都將留在身後；除了佛法外，什麼都無法在那個時刻幫助你。要把這點謹記於心①。

現在你應該爲離開世間的時刻尋找一個好友伴，這是最重要的一件事，要把這點謹記於心。說到這友伴，你應該與能協助你達到無上證悟的人或事物爲伴，這點非常重要，要把這點謹記於心。當你遭遇不幸時，要知道這是敦促你向善的老師，這位老師是多麼仁慈啊，要

① 娘．讓．尼瑪．沃瑟的伏藏，此處另附加一句：「你可能擁有衆多后妃、隨從和臣民，但要謹記於心的是，死亡時你必定會獨自離去。」

把這點謹記於心！

當你的身體罹患重病時，要想：「這是鞭策我在證悟道上向前邁進的助力，這是在修道上引領我的皈依境。」這個暫時的身體總會在某個時刻如凡俗死屍一樣被拋棄，這是不可避免的。當你執取血肉之軀的聚合爲「我」時，要想：「這是侵入我心的邪靈！」要不散亂地，試盡一切方法驅逐這個邪靈。此生的一切經驗皆毫無自性，就像是夢境與戲法一般。要把這點謹記於心！

你和他人都因爲沒能如實地認識到萬物皆無自性而受到迷惑，你應該立刻將這樣的迷惑轉回、契入法性。要把這點謹記於心。若不這麼做的話，你將會不停地徘徊在輪迴中，經歷難以忍受的苦難。要捨棄其他的活動，只專注在可以成就無上證悟的佛法修持上，這點非常重要。說到佛法修持，只是「修持過」是不夠的，你必須正確地運用此深奧的法教。要把這點謹記於心！

當你如此正確地修行時，輪迴之流便會逆轉；當輪迴之流逆轉時，大樂之流將不停息。要把這點謹記於心！未來世代的行者將不會聽取我的這些忠告，這些人只會聽信占卜和民俗咒語或修法儀式，還會被欺騙。要把這點謹記於心！

你若能好好聽信這個忠告，並正確地將之用於實修的話，必定自然會領受到加持。當你將慈愛內化於心時，將會受到一切有情眾生的愛戴；當你將悲心憶持於心時，每個人都會把你當成自己的孩子般珍惜；當你心中公正無偏時，你將會遠離敵意和偏見；當你的心洋溢著同理共鳴的喜悅時，你的行為將與他人和睦融洽。

當你捨棄傷害他人的念頭時，你遭遇到的敵意將會變少；當你調伏了你的心，且非常寬宏大量時，許多人將會追隨你；當你棄絕了嫉妒與自大傲慢時，你所遭受的詆毀將會變少；當你捨棄馬不停蹄的活動、不再四處奔忙時，你的過失將會變得少些。

當你的心停止渴望，那麼食物、財富與各種享受都將自動積聚而來；當你在生命中清淨奉行教戒時，你的心將會變得調柔有彈性；當你沒有任何野心或欲望時，資糧將自然而然地圓滿；當你了解輪迴的特性時，你的心將會轉身離開世俗的追求。

當你的心專注於法性的深奧法教，並能運用這個法教實修時，你將會遭遇到許多不幸與障礙②；當你與殊勝的上師為伴時，上師的特質將會自動影響你；當你對三寶的虔敬不停息時，你很快就會領受到加持。

當你不帶偏見地學習和思維時，你對法教和哲學派別的宗派偏執將會較少些；你若修持深奧的生起次第與圓滿次第，那麼你將會擁有力量和加持；當你的外表符合世間習俗時，你遭遇到的批評會較少些。

當你不再固著於貪著與攀執時，你的身心都會輕鬆自在；當你過著山間閉關的生活時，修證體驗將會萌芽。當你停止珍愛自我並捨棄我執時，你將不會受到魔障的傷害；當你的心深入直觀自身時，法性會由內顯現而出。

當你努力不懈地修行時，無量的善根將得以開展；當你認出心的本性時，戲論造作與有爲的奮鬥便自然而然解脫自在了；當你了悟輪迴與涅槃就是法身時，你便不需要用力禪修了；當你的修行不偏入怠惰的歧路中，死亡時你將不會感到懊悔遺憾。

幸運的人啊，讓自心與佛法相融合吧，那麼，佛果的喜樂將從你內心展露而出！

繼續注意聽！除非你能調伏自己的煩惱，否則你還是會有敵人與反對者，而這是毫無意義的。因此，要讓你的心自在地安住。

你也許很努力扶養或幫助你的家人和朋友，但是死亡來臨時，除了佛法活動的善好修持以外，其他活動都是毫無意義的。因此，要時常以思想、言語及行爲來做心靈修持！

你也許正在追逐世間的名聲與利益，但是除非你追隨佛陀的言教，否則這類活動只會讓你陷入更深的輪迴。因此，要遵從佛陀的言教！

你的城堡是由泥土與石頭所建成，可能很美麗，但是除非你住的是不變的堡壘，否則你必定會離去，將之拋諸身後。因此，要守著不變的堡壘！

你也許積聚了財富和資產，但是只有二資糧才能在死後爲你所享用。因此，儘可能多積聚二資糧吧！

你也許嚐盡了一切美味，但是除非你堅嚐內在本性的甘露，否則這些食物到頭來也是一

②在般若波羅蜜多的諸經典中常提到，投身於深奧空性之修持的菩薩將會遭遇到許多困難，以便快速地淨化這位菩薩的業，並在通往正覺的道上有所開展。【英譯者艾瑞克．貝瑪．昆桑】

堆穢物而已。因此，要飲用深奧教授的甘露！

你可能非常珍惜這個血肉之軀，並執著這個身體就是你自己，然而，由於身軀只是借自不同元素，除非你證得了無生法身，否則血肉之軀也是很快就會被奪走的。因此，要珍惜並把握住無生法身的堡壘！

你可能結交了一千位和善厚道的朋友，但是除非你的伴侶是方便和智慧，不然這些朋友也是很快就會分離的。因此，要與方便和智慧爲伴！

你的名譽和聲望或許傳遍一億個宇宙，但是除非你認證了你不可思議又不可言說的本性，否則那也全只是魔羅企圖引誘你而已。因此，去追求那不可名狀、不可思議、又不可描繪的本性吧！

你可能擁有世界統治者的權力與威勢，但是除非你掌握了自心，否則當死亡的時刻來臨時，你仍然不具有獲得解脫的權力。因此，去駕馭、掌握自心吧！

你可能擁有強壯戰士的英勇，但是除非你擁有分別智（discriminating knowledge）的悟力，否則你將無法扭轉與輪迴交戰的形勢。因此，要擁有分別智的悟力！

你說起話來也許就像是語獅子（文殊師利）般，但是除非你契入聲空不二的本初清淨本性，否則那樣的說話方式也阻擋不了業力的成熟現前。因此，要契入聲空不二的本初清淨本性！

你騎乘的也許是最優秀的種馬，但是除非你由內在發掘了自身的大樂，否則種馬也無法讓你脫離輪迴的苦難。因此，去尋覓大樂的本性吧！

你的色身也許像天人那樣出色不凡，但是除非你用佛果的無上功德來莊嚴自己，否則那樣的身體也誘惑不了死魔。因此，要用勝者（佛）的殊勝功德來裝飾自己！

除非向上師及三寶尋求怙佑，否則誰都無法把你從煩惱的襲擊中救脫出來。因此，要向上師和三寶尋求護衛！

除非你了悟自心即是佛，否則你將會被形形色色的概念思維欺騙。因此，要知道，你的自心就是佛！

簡而言之，你對世俗的種種追求並不能讓你證得解脫或遍知正覺，除了是徒勞無益之外，只會造成更深的輪迴苦難罷了。因此，要以自身的心靈、思想、言語和行爲致力於成就無上正覺！

繼續留神傾聽！人們之所以不想從世俗成就的追逐中轉身離開，是因爲他們不明白因果業力的道理和輪迴的特性。輪迴形成的「因」，就是沒能斷除對實存自我的二元執著。在心的覺醒境界中，自身與他人是一體的，因此，那些在自他之間做分別的人，多麼無知！三界中的每一個眾生，都曾一一當過慈愛我們的父母，因此，將他人視爲仇敵或朋友的人，多麼無知！

我們現在應該將輪迴與涅槃分開，因此，那些花時間追逐世俗成就的人，多麼無知！人生苦短，猶如旅行者暫住旅舍一般，因此，那些忙於搭建房屋宅第的人，多麼無知！這個肉身中塡滿了不淨穢物，而且連一根刺都耐不住，因此，執著這個肉身爲「我」的人，多麼無知！

親友眷屬都是無常的，都會死去，因此，以爲自己會長命百歲的人，多麼無知！大限到來時，我們都必須空手孑行，因此，以種種惡行去追求佳饌美味和財富的人，多麼無知！外在顯相不斷在變遷且消亡著，因此，期待種種享受可以恆久持續的人，多麼無知！

你的壽命猶如落日的影子般衰滅，因此，懶散怠惰的人啊，多麼無知！佛法修持能保證此生與來世的快樂，因此，背離佛法而投入家庭生活的人，多麼無知！犯下惡行肯定會墮入下三道，因此，不畏懼業果成熟的人，多麼無知！

現在連一丁點兒火花都耐不住，還以爲自己承受得起極熱地獄的人，多麼無知！連寒冬一晚的冷冽也受不住，還以爲自己承受得起極寒地獄的人，多麼無知！捱不住三天飢渴，還以爲自己承受得起餓鬼道痛苦的人，多麼無知！扛著重物才一會兒時間就受不住喊苦，還以爲自己承受得住負重畜生之苦的人，多麼無知！

現在正是行者需要甚深建言之時，因此，上師教導佛法時卻閉耳不聽的人，多麼無知！現在人們已獲得更多選擇的自由，因此，讓自己成爲感官享樂的奴隸的人，多麼無知！連一片刻都不修持佛法，卻期待能在來世享受無盡的快樂，這些人，多麼無知！

輔一出生，死亡就已是你內在本俱的一部分；那些以爲自己有閒爲明天做準備，漠視死亡時刻步步逼近的人，多麼無知！現在你可以自由選擇上進或墮落，因此，不努力修持可帶來解脫的佛法的那些人，多麼無知！輪迴中的行爲只會導致痛苦的結果，不斷除咎由自取之痛苦的人，多麼無知！人們就是這樣無止盡地流轉於輪迴之中，因此，不斷自我欺騙的人，多麼無知！

當此劫的黑暗時代來臨時，人們扮演著自我欺騙的角色，成爲自己的惡劣顧問，也是自身愚癡的製造者，不斷欺騙和愚弄自己；這些人擁有人身，卻不比一隻牛更明智，多麼可悲啊！

繼續凝神傾聽！由衷想要修持佛法的人啊，請這麼做：要以如流水般不間斷的虔敬心來追隨你的上師和三寶。要像母親照顧獨子般的慈愛，以仁慈和悲心來照顧你的追隨者。

要去獲得力量和能力來度脫佛法的敵人，要像雷擊一般具足威力！不要怠惰，而是要像一個頭髮著火的狂傲少女一般，積極又充滿活力地在思想、言語和行爲上努力從事善行。對善惡要抱持誠實謹慎的態度，注重因果業力的心要像麵粉般細微，要像面對毒藥般，對惡行避之唯恐不及。

要堅定意志，仿效殊勝且有著崇高心懷的先賢祖師的行持，見賢思齊③。要以上師、本尊、空行母及護法作爲誓戒的見證者，並以良善的心謹慎奉行你的誓戒。要把自己當成安忍的準繩，切莫傷害他人或將傷害加諸他人身上。

無論做什麼事，切莫與具義之事相離，而是要將念頭、言語和行持轉向佛法。不要批評他人，反而要向世界坦露自己的過失。要以適當的方法，透過不了義或了義的方便法門，幫助具信者進入佛法修持。

種種不同的無常，諸如死亡或分離等等，都是給你的訊息，因此要留神注意！不要爲那些會讓自己分心散亂的活動來回奔忙，而是要放鬆身心，要運用甚深口訣教授來修心。

無論你是多麼貧窮匱乏，切莫用欺騙的方式去掙取飲食財物！心中充滿恐懼時，切莫對有礙魔心存敵意！即使爲了保衛國家，也不要對其他眾生造成傷害！

死亡時刻何時到來，我們無從確定，因此，要守護自心本性的堡壘。要尋求一位具格上

③ 大寶伏藏的版本說：使你對優越者的好勝心得以謙遜，並追隨聖者的榜樣。

師，無時無刻都應頂戴禮敬上師，並開展、培養自己對信心與虔敬的熱望。

你並不清楚此生所需要的是什麼，因此，要廣為學習不同的知識④。無論你在哪方面學有所成，自大自負將會讓災難之魔得到立足之地，因此，要讓驕傲心謙卑下來。

要讓自己保持靜處山居，因為靜處即是喜樂的源頭。切莫過著罪惡的在家生活，因為這將導致此生和來世的不幸！友伴影響著你的日常行為，因此，要與相應於佛法的人交往！

除非你已藉由禪修而得到了悟，否則切莫自誇或言行不羈！要拋開偏見與宗派分別，因為這些都是輪迴的枷鎖！不要矯飾偽善，因為這是智者所鄙視與不屑一顧的。

切莫與凡俗人群長時間相處，否則自然會被惡行所染！切莫相信任何緣起而生的現象，因為一切不過是魔術幻變！要對他處無可尋的覺醒境界「自心」生起確信！

若能遵循這些取捨的教戒，你便是在維繫釋迦牟尼的教法了。

繼續凝神傾聽！如果你真心希望修持佛法，就應該將大地一般的持戒作為佛法修持的根基。要在如虛空般的見地中圓滿（哲理教法）性相乘。要像分辨彩虹的不同顏色般，清楚辨別所有教法的細微處，將這些教法了了分明，毫無混淆地謹記於心！

要以正確的法教次第來引導那些命中註定的弟子，就像一片片剝開大蕉樹的樹皮般層次分明。要像照料幼苗般溫柔慈愛，以口訣教授來培育這些具器註定的弟子。

要猶如秋天的花朵般，清楚鮮明地謹記禪修的訓練。要將四處尋得的口訣教授，像醫生一般用在必要的時刻。要保持中庸，就像在食物中適度加入鹽巴一樣。

要直接穿越不幸與災禍，就像野犛牛筆直奔向山谷之頂一般。遭遇煩惱時，要像捨棄仇敵一樣斷捨這些煩惱。當煩惱的解藥「本初覺性」（本初智）於自心誕生時，要像保護眼睛一般，在你的心流中好好守護這本初覺性！

透過學習和思維而淨除邪見和疑惑之後，要像幼鹿一般調柔靈活地服侍上師。面對世俗事務時，要像老牛一般固執，不要讓任何人牽著你的鼻子走。做四無量心的訓練時，要以羊

---

④ 知識的細目（五明），傳統上包括哲理（內明）、語言（聲明）、邏輯推理（因明）、醫藥（醫方明），以及技藝與工藝（工巧明）。

一般的耐力使一切轉爲平等性。

到了需要透過辯論來學以致用時，要以戰士之劍一般無礙的智慧來穿透一切。以思維追尋眞義時，要像馴服野馬般調伏你的昏沉與掉舉心。內化修證體驗時，要像名流人士得了痲瘋病（急於脫離此病）一般，拋棄所有對世俗成就的追求！

簡言之，若想迅速覺醒並成就無上證悟，最重要的是在一切境遇中觀照自己，要像新嫁娘一樣小心翼翼，審視因果業力，控制自己。

繼續凝神傾聽！平穩的性情和溫和的說話方式，對促進內心慈愛是非常必要的一環。好奇心和積極心會讓你易於感受到信心的善德，榮譽感和謹愼穩重則能讓你生起努力不懈修持佛法的善德。

遭遇苦難和不幸，會讓你生起轉心向佛法的善德。正直誠實和能放心信賴的特質，會讓你生起能承受逆境的善德。堅貞忠誠與深切的情感，能讓你生起能眞正服侍上師的善德。

對利益和地位的厭惡，能讓你生起不涉入佛法宗派偏見或宗派主義的善德。對世俗事務淡漠或漫不經心，會讓你生起更有能力守護神聖佛法的善德。一言九鼎，信守承諾，則會讓你生起與佛法相應的善德。

不屈不撓與堅忍不拔的毅力，能讓你在修持佛法時生起更高貴殊勝的善德。臉上總是帶著微笑且保持行為溫和，能讓你生起清淨三昧耶的善德來對待法友。在日常活動中保持離戲無所緣且任運自然，會讓你生起得以直接斷除概念思維的善德。

另一方面，假如行者被這些特質過度覆蓋，也會變成缺失。例如，性情平穩、說話溫和的人，容易落入虛僞矯飾和不正直誠實的過失中。積極且好奇心強的人，會容易放棄或怠失佛法修持。有榮譽感且謹愼穩重的人，則容易落入無法拋棄俗務的過失中。

經歷許多痛苦與不幸的人，雖然想要修持佛法，但卻易於落入無暇修持的過失中。誠實和能放心信賴的人，容易落入不明白佛法的過失中。對親友堅貞忠誠、有著深切情感的人，容易落入無法與俗務斷除連結的過失中。對世俗事務淡漠或漫不經心的人，也可能無法在佛法修持上堅持到底。一言九鼎、信守承諾的人，則可能容易說出導致爭執衝突的嚴厲話語。

不屈不撓與堅毅固執的特質，也有可能變成難以捨棄惡念。常保微笑和溫和待人的人，可能會過度虛僞或太過浪漫。常保輕鬆無焦點和寬坦自然的人，則不會努力爲佛法付出，可能會因此落入小覷業力成熟的危險中。

已入佛門的你們啊，若能斷捨一切過失，讓自己生起一切善根，便會毫無困難地成就無上的證悟。因此，要好好將這些謹記於心！

繼續凝神傾聽！許多人雖然已經進入佛門，然而卻與法相違，因此，要小心千萬別讓這種情形發生在自己身上。也許你已經受了戒，然而如果你維持生計的方法和你的財產無異於在家眾，那麼你也算不上是個佛法行者。也許你已經捨棄世俗的活動，然而你若是尚未捨棄那些凡庸無義的蜚短流長，那麼你也算不上是個佛法行者。

你也許住在隱士般的居所，然而你所從事的活動若是無異於世間人，那麼你也算不上是個佛法行者。你也許已經離開家鄉，然而若是無法斷捨與凡俗世間人的關係，那麼你也算不上是個佛法行者。你也許努力不懈地做著修持，然而自心若是無法遠離欲望，那麼你也算不上是個佛法行者。

你也許承擔了很多艱困的逆境，然而若是無法忍受他人的傷害，那麼你也算不上是個佛法行者。你也許在修持生起次第和圓滿次第，然而若是還期望以占卜或民俗修法儀式來去除障礙，那麼你也算不上是個佛法行者。你也許正在修持無二元，然而若還期待來自本尊神祇的幫助、恐懼鬼魔的傷害，那麼你也算不上是個佛法行者。

你也許已經進入大乘道，然而若是不努力利益有情眾生，那麼你也算不上是個佛法行者。你也許做著利益眾生福祉的事，然而你最潛在的目標或動機若不是發自菩提心，那麼你也算不上是個佛法行者。你也許明白見地，然而你若是對業力的成熟不加以留意，那麼你也算不上是個佛法行者。

你也許了解何謂九乘次第，然而自心若是沒有與法融為一體，那麼你也算不上是個佛法行者。你也許無時無刻都專心一意在修持，然而你若是不摧毀對顯相的執以為實，那麼你也算不上是個佛法行者。你也許熟知三學處，然而你的動機若是源自強烈的狂妄驕慢，那麼你也算不上是個佛法行者。

無論從事任何心靈修持，你若是沒有在修持中完整包含前行、正行、結行的三殊勝，那麼你也算不上是個佛法行者。日常生活中，你也許可以在思維、言語和行爲上保持自在任運，然而若是讓自己誤入凡庸煩惱的歧途，那麼你也算不上是個佛法行者。不在當下修持而成就，卻祈願未來能成就，這樣的人也算不上是個佛法行者。

如果期待未來證得果位，卻不去認識自心的本來面貌，那麼你也算不上是個佛法行者。你也許累積了善根業力，然若是尚未遠離世間八法，那麼你也算不上是個佛法行者。

未來的行者啊，無論身分高低，世間八法是住於所有人內心的狂妄鬼魔。世間八法即是：被當面稱讚（稱）就感到歡喜，被責難（譏）就感到不快；名聞遐邇時（譽）就感到歡喜，聲名狼藉時（毀）就感到不快；遇到悅意之事（樂）就感到歡喜，遇到不悅之事（苦）就感到不快；得到（利）就感到歡喜，失去時（衰）就感到不快。

你必須詳加審視自己，看看過去以思維、言語和行爲所創造的一切善根，是否建基於這八種心態，看看當下的行爲是否包含了這八種心態，看看你所作的未來計畫是否包含了這八種心態。我們必須避免涉入世間八法，這點非常重要！

蓮花生的未來追隨者啊，無論你正在做什麼佛法修持，要修持能迅速達到佛果大正覺的無誤之道。要修持那廣大甚深的眞實義。要趁著懷有眞實圓滿覺者的所有教法時，努力修持！九乘次第是層層增上圓滿的方式⑤，要趁著懷有九乘次第的眞實義時，在個人自心之中努力修持。要以認出一切皆無須成就的方式，修持一切所想達成的目標或行持。輪迴涅槃的一切現象皆無異於法身，要在這樣的境界中好好修持！要如法依照我的這些口訣教授去專修！對這正覺的果位，要毫不猶疑地努力去修持！

以上這些有關行持的口訣教授，要給予西藏僧侶和所有想要修持佛法的人。三昧耶。

祈願這些法教能與具足根器的有緣行者相遇！

---

⑤ 關於層層向上遞增圓滿的九乘：應捨棄什麼與應了悟什麼的原則，在八個較下部乘中的任何一乘，都被包含在、也因此完滿於其更上一階的教乘中。另參見「詞彙解釋」中的「九乘」。

10 迴向的滿願寶

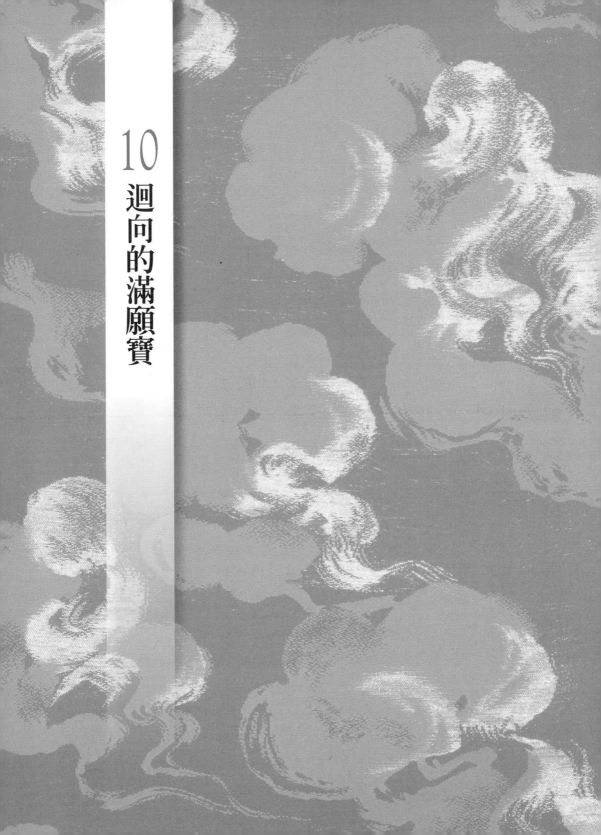

頂禮上師本尊空行　吽

現在將要解說珍寶滿願藏，
亦即迴向善根的方式，極為眾多；
你已積聚、將會積聚或隨喜他人的任何福德，
都迴向偉大無上的正覺。

隨喜這為了利益某人達到證悟無上境界而決意迴向善根的心意吧！若要圓滿這點，其中必須具足三個要素：被迴向的善根、接受迴向者，以及迴向的念頭。

對密咒乘行者而言，上師被視為清淨的福田，正如《吉祥密集根本續》中所描述：

進行任何供養之前，
其他的供養暫放一邊，

先從供養自身上師開始，
因爲使上師歡喜，你便會因此獲得成就——
這全知的殊勝境界！

佛經中教導：僧伽是清淨的福田，正如《善德增長經》所說的：

其爲一切法教之寶，
其爲一切法門之開啓者，
所謂僧伽者，
即是應受大眾供養的僧伽。

一般來說，三寶被公認爲清淨的福田，經中說道：

無師更勝於佛陀，
無依怙者更勝於法，
無福田更勝僧伽，
是故，我供養三寶！

某部經典也說到：「小乘追隨者認爲尊貴福田極爲殊勝。舉例來說，若在優質的土地中播下種子（因），並犁開土塊、施肥等等加以細心滋養，便會得到豐收的莊稼（果）。同理，福田若是極爲清淨，所得到的果也會因此而倍增。」

大乘追隨者則更爲重視地位卑微的人，他們會支持或贊助殘疾者、受到排擠和沒有朋友的人。某部經典提到：

灰心喪志及沒有朋友的人，
病者、殘者，

老者、境遇不順或喪失心智者，
貧者、受饑者和乞丐等等，
菩薩應該幫助這些沒有依怙的人。

清淨的供養對象地位有高有低，針對較高位的供養對象而言，我們所供養的物品也包含了實質物品和觀想境。

藉由無上的普賢供養雲，
實質物品和觀想境等
廣大圓滿地展現在清淨虛空中；
我們將內外密之無量供養，獻給您①。

①此四行文字摘自《無於義懺》第四章，懺悔與智慧本尊的不和合，引自《清靜懺王密續》。

符經典中教導，布施物應該是未被惡行或錯誤謀生方式所沾染的必需品，以四重布施的方便給予居低位的受施者，經典中說道：

非竊盜之贓物，亦非寺產，
非有害之物，
而是被珍愛且令人歡喜之物，
且最好是（受施者）所需之物。

此外，經典又說：

要幫助貧者與殘者，
以四重布施的方式，
布施資財和種種令感官愉悅的物品。

不可布施惡行所得的物品或武器、
或者被不當收入所毒染的食物。

要像這樣敦促自己，以清淨心來供養清淨的福田。要對清淨福田生起信心，對低位者生起悲心，並生起證悟的覺醒心。經典又說道：

受到信心和悲心的驅使，
以證悟的心態（菩提心），爲了他人的利益而行布施，
藉由迴向和善願來引導布施行，
以遠離概念的三輪來封存。②

②三輪為主體、客體，以及行為；抑或在布施的例子中，三輪是被布施之物、布施的行為，以及所贈物的接受者。

此外又說道：

懷著清淨的發心，
對所有清淨的對象
供養或布施最美好的物品，
將這些迴向給無上乘之勝境，
並以遠離三輪來封印，
這即是最殊勝的迴向。

以此方式，以迴向的善德或善根，將布施對象、布施物和發心加以連結，而創造出福德資糧。接下來，我們應該將這善根迴向給何者呢？它們應該被迴向給什麼因、或什麼果（目標）呢？

引述《佛說聖佛母般若波羅密多經》所說：「心之導引者菩薩，應將一切善德或善根迴向給圓滿遍知境，而非迴向給聲聞或獨覺境。」

因此，要將善根迴向能證得圓滿遍知果位的成因，即全知的佛果位。說到作迴向的不同類型上師，蓮花金剛（Padmavajra）曾說：

已了悟見地之本然境界、
嫻熟禪修三摩地、
擁有大悲菩提心和
具德的種種徵相，
如此殊勝的善知識
即是作福德迴向的最卓越上師。

身邊若是剛好有這樣的上師，是最好不過了；若是沒有，經典又說道：

對懷有無上信心和決心的人而言，

佛將會猶如親臨般顯現！

此外又說道：

可在適當的時間，例如新月、滿月及（陰曆）初八時，

在三寶面前迴向一切善根。

虔信者也可以在有三寶的壇城前作迴向。

接著要說的是，我們要爲誰作迴向？不要只爲某個人作迴向，而是要爲以某某人③爲起

頭的一切有情眾生作迴向。經典中說道：

無論以直接或間接的方式，

只做能夠利益眾生的事。

爲了一切有情眾生之故，

你應該將所有福德迴向眾生的證悟。

爲在世的人迴向時，直接稱呼其名即可；若是爲已往生者迴向，則應稱呼：「已故的」某某。

若是以特定的某某人爲首，爲一切有情眾生迴向時，應該這麼解說來作指引：

讓你的身心都保持敬意，雙手合掌，觀想面前虛空中坐著我們首要的導師，亦即殊勝圓滿的征服者、勝利者釋迦牟尼佛，他的身上被各種大相好和隨形好的徵相所莊嚴，周圍環繞

③關於「某某人」，可代換成迴向功德為利益對方的受迴向者姓名。

著十方諸佛菩薩、傳承上師、本尊、空行和忠貞的護法神。要把你的身體、財富、力量和榮耀，把你的一切善根供養出來，要這麼想：「為了幫助以某某人為首的一切有情眾生證得無上眞實圓滿的證悟，我迴向自己和他人從輪迴無始以來以福德和智慧所累積的所有善根！」要以無限尊敬的聲調，一再重複這些迴向的話語。

如果是自己要為他人作迴向，就把上文中所說的「你」，代換成「我」。如果現場有受了戒的四眾僧團，便可請求他們添上吉祥的祝願。作迴向的上師，自身應該一心不亂、不偏離迴向的話語和意義，專注決意下述內容：

十方諸佛與菩薩，懇請您鑑知、加持某某人！本尊壇城的上師與本尊，懇請您鑑知！從輪迴無始以來所累積的，因布施、持戒、禪修等等所創造的善根，這位名為某某的人所作、使他人作、或隨喜他人善行所生的善根，以及此生或未來世中，透過身、語、意以福德和智慧所生的善根等，猶如成就圓滿眞實力諸聖眾所曾做，我將這一切善根完全迴向給某某人以及其他所有眾生，以此為成因，祈願眾生得到無上真實圓滿的證悟！

如果迴向者的了悟比你超勝，或迴向者是一位偉大的上師時，就可以請求他為迴向作見證，更改迴向文的結尾語為一切有情眾生的利益作迴向和祈願：

祈願以某某人為首的一切有情眾生，迅速證得無上真實圓滿的珍貴證悟！

複述這段話三次，然後說：

直到祈願的目標實現之前，祈願一切有情眾生生生世世皆得獲人天善趣之果報，不被其他惡趣投生所中斷！

祈願他們具足善趣的功德特質，包含最崇高的品德！

祈願他們值遇那持有神聖上師傳承的善知識，並能被攝受為弟子。

祈願他們因實踐三喜行④，經由聞、思、修而受用無上乘（supreme vehicle）的最勝教法！

藉由具足圓滿的居處、同伴和一切順緣，祈願他們廣大地轉動殊勝無上乘的深奧寂靜法輪！

藉由覺者具足無限慈愛和悲心的無量大悲事業，祈願他們自然任運、毫不費力地成就一切有情眾生的福祉，並以任何適切的方式調伏每一位有情眾生。

在前往包含上師、本尊、空行之曼達壇城在內的，諸剎海般無邊無際之諸佛淨土的旅途上，祈願他們被自身非凡行止的了悟所守護！祈願他們順利進入諸聖海會之列！祈願他們追隨一切聖眾的步履！祈願他們的了悟、大悲、行止和事業與諸佛無二無別！

在成就上述目標的修道上，祈願一切有害的逆緣，諸如困難、障礙、散亂、怠惰、惡行和錯誤皆能消退！祈願他們具足圓滿順緣，並得到滿滿的安康快樂等功德：長壽、健康、相好莊嚴、具足信心、聰慧、悲心強大、活力無限、資財豐富，並歡喜布施、持守清淨三昧耶、戒行圓滿等等！

若是為已故的亡者迴向祈願，此時要修淨治障礙的儀式。若是為在世者迴向祈願，那就用其他合宜的祈願或者下述詞句來表達：

祈願他們此生擁有長壽、健康、財富與優點！

祈願他們所有的病痛、惡友、罪行和覆障、破戒、錯誤、不幸、所有內外障礙，以及所有邪惡與不和諧的力量，皆被平息！

祈願他們的心念、言語和行爲都如法，且在受用諸勝者（諸佛）無瑕的言教時，祈願他們皆能令自己的願望實現，猶如自身即具足寶石之王滿願寶的力量！

當大限來臨，祈願他們不會因爲生命力中斷而遭受痛苦折磨，祈願煩惱的概念境皆消融，祈願他們歡欣喜悅地憶持上師以及三寶。

祈願他們被無上皈依境一切大悲聖眾的智慧心所怙佑！

祈願他們不會經歷中陰的各種怖畏，祈願輪迴下三道的所有投生之門皆自此關閉！

---

④ 指的是個人修持、身語意的承事，以及提供資具財物。

究竟上，祈願他們證得無上、眞實且圓滿的證悟！
藉由佛三身證悟的加持
藉由法性不變眞諦的加持
藉由僧伽不動決信的加持
藉由上師、本尊和空行的加持
祈願我迴向的一切皆得圓滿！
祈願我的祈願具足威力！

說完這些之後，便以離念的三清淨封存之。

如此以珍貴的迴向和無瑕的祈願來封存時，善德是無量無盡的。《無盡慧請問經》提到：

猶如落入大海的一滴水，

直到大海自身乾枯都不會乾枯；
同理，圓滿迴向證悟的善德
在證悟之前亦永不消失。

另外又說道：

在三寶、本尊、上師等座前，
具足信心地累積資糧，
以此而作廣大的祈願。
如此善德是難以言喻的！

已積聚了福德與智慧資糧，卻未以珍貴的迴向來封存的過失，其中說有四個讓資糧耗竭的原因。

造作善根之後，

若是忽略了迴向、作不當顚倒的迴向、

向他人誇耀或感到懊惱悔恨，

此四即是善根耗竭的成因。

因此，我們必須以下列方式來迴向。觀想光芒由佛的心輪中照射而出，碰觸到所迴向對象的身、語、意，完全清淨他們的罪行、覆障、錯誤和缺失；接著，他們也變成光芒，融入佛的心輪。佛與周圍的眷眾並融入無可見的根本虛空境，猶如彩虹融入天空一般。遠離三輪概念地將善根封存，如此便成爲眞實無上的迴向。如同怙主彌勒菩薩所說：

最卓越可行的殊勝圓滿迴向

即是遠離概念所緣，

其中毫無迷妄性。

接著又說：

此外，無上殊勝的迴向
即是全然了知所造福德、福德之果報、
迴向對象或迴向的動作之中，
皆毫無實存的自性。

因此，爲了成就某個特定目標，我們藉由大乘的迴向，將所造的一切善德封存爲永不耗竭的寶礦，然後獻上我們的敬意，並以全心歡喜與感恩的態度隨喜這一切。

以上即是指示教授。三昧耶。

一般而言，作迴向時，基本上分爲三項：一、能完全守護功德主具足善德之餽贈的迴向。二、完成密咒殊勝修持或轉動甚深佛法的法輪之後所作的迴向。三、於本覺的根本虛空中圓滿福德累積的迴向。

第一種迴向是在功德主獻上供養之後立即迴向，或是在享用供品之後作迴向。可複誦以下內容，或其他適宜的祈願三次：

十方諸佛菩薩，請鑑知此功德主！
上師與聖賢僧，請鑑知！
藉此善根所展現的（福德），
祈願功德主三時所造的任何善根福德
皆迴向廣大增長這永不耗竭之果！
祈願迅速得證這無上的正覺、證悟！

第二項則是在外在或內在的心靈修習、教授、禪修或十法行的結行時，可用下列方式來作迴向：

十方諸佛菩薩、上師、本尊、空行眾、所有壇城本尊眾，以及周圍的侍從與護法眾，請鑑知我！

於普賢如來的偉大無邊曼達壇城中，
祈願過去、現在、未來三時
由上師持金剛與其他行者，
以及金剛師兄弟姊妹所造的一切善根福德，
例如本次轉法輪所現之善根，
我們將之迴向給圓滿佛果的成就！
祈願一切處的一切眾生皆達至普賢如來的境界！

以此方式迴向，並安住在究竟果位的無上真實境界中。

第三項則是無論何時在任何迴向或任何活動的結行時，於「大封印」的狀態中作這樣的迴向：

十方勝利者與勝者之子嗣，請鑑知！
祈願我與其他有情眾生
於過去、現在、未來之三時中
以身、語、意所造作的一切善德
皆迴向菩提正覺的廣大境界！
祈願證得無上本性的殊勝果位！

任何迴向一開始時，要先觀想三寶在面前，作爲我們的見證，觀想他們納受你的迴向文和善願；接下來，唸出迴向文，遠離對「所迴向善德、迴向對象、迴向的行爲和迴向者」的概念，以此封存。最後，安住在超越言語、念想和表達的境界中，於此境界中，形成輪迴和涅槃的一切現象起初便無生起，中間無留駐，最終亦無止滅。

三昧耶。

這些能使善因圓滿成熟的善巧方便，亦即如何迴向的口訣教授，即稱爲「迴向的滿願寶」，由持明者蓮花生大士所給予。我，措嘉，將這些口訣以書寫的方式記錄下來，並將之封存於秘密伏藏中。祈願這些教法與具足業緣的命定行者相遇。

埋藏印。囑咐印。珍藏印。三昧耶。咀汀（Dathim）。

以上即是由我，桑傑．多傑（Sangye Dorje）〔桑傑．林巴〕，托缽者，釋迦牟尼的追隨者，在菩黎大洞所掘出的伏藏。

11 激勵心靈修持的開示

因於芸芸眾生，特別是藏地人民的福德之故，依怙主文殊師利化現為佛法之王赤松德眞。因為受到請求建造「圓滿無盡願」的桑耶寺，並立志在西藏弘揚佛法之故，赤松德眞國王邀請了阿闍黎菩薩（Lobpön Bodhisattva），並領受菩薩戒以展現應發起覺醒之菩提心的需要。為了向世人展現覺醒心的圓滿成熟與解脫，國王邀請了烏迪亞納的蓮花生大師前來給予灌頂，並將修道與修證引至最圓滿的境界。為了展現傳揚和興盛佛法的需要，國王邀請了班智達無垢友前來轉動因乘和果乘的法輪。為了展現正覺身、語、意之法教的究竟遍滿和任運圓滿，國王建造了威德莊嚴的桑耶寺「圓滿無盡願」，並舉行開光典禮和授權的儀式。如此，國王在西藏弘揚了佛法，使經教與密續的法教和修持如同朝陽般燦然普照。

尤其特別的是，名為蓮花生的偉大持明者——佛三身的勝妙化現，由於願力和悲心之故來到了西藏。蓮花生大師駐留西藏期間，給予了赤松德眞王、其他根本弟子，以及所有具福者無數的甚深廣大口訣教授，幫助他們成熟、解脫。在蓮花生大師賜予我，卡千的措嘉無數的口訣教授之中，我在此寫下所有權宜不了義之教法，彙編為激勵心靈修持的開示。馬哈卡魯尼卡（MAHAKARUNIKA）撒瑪悌（SAMATI）阿（AH）。

蓮師說道：措嘉，我們應該修持能從輪迴中解脫的法教！如果不這麼做，便很難得到閒暇圓滿的人身。

閒暇圓滿的人身有多麼難得？就好比將一粒豌豆丟向寺院牆面，要豌豆黏在牆面上一般難；也好比烏龜恰好伸頭穿過漂浮在大海中的木軛環一般難；又好比試圖將芥子投入直立針的針孔一般難。

這麼困難的原因是，若說六道眾生好比一堆穀物，地獄道、餓鬼道與畜生道的眾生就好比穀物的下一半，阿修羅是上一半，而天人和人類則只是最頂端的一小丁點兒。比起投生為他道有情眾生的可能性來說，要得到人身幾乎是不可能發生的事。措嘉，試著數數六道有情眾生到底有多少！

蓮師又說：措嘉，即使在這麼難得的情況下，你仍因過去的福德而成功獲得了人身，但你若沒有健全的感官（六根不全），是耳聾、眼盲或口啞的話，要修持佛法還是很困難的。如果你投生在文明極為落後的國家，也沒有機會修持神聖的佛法。如果投生在一個主張虛無邪見的異教徒家庭中，你也不會入門學習佛陀教法。

如今我們已誕生在南瞻部洲這片佛陀教法住世的文明土地上，我們獲得了極為難得的珍貴人身，而且在感官仍舊完好健康之時，值遇殊勝崇高的上師，並能自由選擇自己想做的事，可以進入佛門學習佛陀言教、修持神聖佛法、與僧伽為伴。假若此時尚且不實修能帶來解脫和證悟的佛法，便會虛擲這個珍貴的人身。

已入寶島，莫空手而回；尋著無盡寶，莫僅是渴求而空徘徊！我們應趁著擁有船筏時，橫渡海洋，切莫白費這人身之船。現在就是將輪迴涅槃分開的時候了，要歡喜地努力修行！現在就是快樂和苦痛的分際點，莫要替自己製造任何悲劇不幸！現在就是離開高低起伏的道路的時候了，莫要跳進下三道的深淵中！

現在就是表現明智或愚蠢之差別的時候，莫要愚蠢地喃喃自語或死盯著看！現在就是累積永恆資糧的時候，莫要讓自己庸庸碌碌、空手而返！現在就是看出誰是偉人、誰是卑鄙小人的時候，莫要在名利之中尋求證悟！

現在就是看出誰是善人、誰是惡者的時候了，捨棄你的世俗追求吧！當下此刻就好比百天之中的一頓飯而已，不要以爲自己還有很多時間可以蹉跎！現在就是一刻懈怠將會帶來長久持續果報的時候，要歡喜地努力修持！現在就是一年堅毅換來未來多生快樂的時候，要持之以恆地修持佛法！

我心中總是對那些空手離開此生的眾生們，感到無限憐憫啊！

蓮師又說：措嘉，我們無從得知這個珍貴難得的人身，到底明天或後天會死去，因此莫作長久住世計！我們不確定這個借自四大的身體何時會破敗分解，因此不要過度寵愛珍視這個身體！

出生之後，必定走向死亡，因此要將訓練自己熟悉無生本性當作一生職志！相遇之後，必定走向分離，因此要斷除對友伴的貪著！積聚之後，必定走向耗盡，因此要放下執著，慷慨布施！建造之後，必定走向毀壞，因此不要離開山居閉關！

貪欲和野心只會爲你帶來痛苦，因此要放下你的渴望！迷妄的經驗只會帶來迷惘，因此要徹底摧毀二元的感知！若能如此，你將會永遠快樂——聽從益言的人啊！

蓮師又說：措嘉，我已經將這些建言告訴了所有人，但沒有人眞正聽從。當死神伸出魔爪撲向妳時，就沒有解脫的機會了。那些不修持佛法的人，臨終時終將懊悔自己沒有把握機會。

年復一年、月復一月、日復一日，時間一秒也不駐留地飛逝，此生就如此一時一刻不停頓地耗盡了，然後，我們便一命歸陰。四季仍持續著，但是你的生命不待，消殞而去。

看著日日、月月、年年的時光荏苒而去，一步步逼近死亡，你難道不會感到絕望嗎？每個人都會毫無預警地倏然死去，你怎能滿足於此？當死亡到來之時，子孫和財富毫無用處，你怎能滿足於此？伴隨你的，除了善行和惡行之外，什麼都沒有，你怎會如此有自信？

不把對堅固實相和常見之執著斬斷的人，多麼無知！

蓮師又說：措嘉，在不自由的狀態中，連人身都得不到，更別說去修持佛法、證得解脫了！

現在我們有力量選擇自己想要做的事，然而人們卻總說自己無法運用佛法。即使得到了暇滿人身，他們還是說自己沒空作心靈修持；他們完全可以爲了衣食而奴役自己，對於修持神聖佛法卻說自己連一年的時間都沒有；活在輪迴庸碌忙亂的塵囂中毫不疲倦，卻說自己承受不了佛法修持的一丁點兒艱困；能夠不斷忍受痛苦的經驗，卻說自己沒空花上一個夏天或冬天的時間來享受心靈修持的快樂。

那些漠視佛法的人，似乎不想要快樂！

蓮師又說：措嘉，要趁著青春年少，努力投入心靈修持，這點非常重要。等到垂垂老矣才想聽聞佛法，你的耳朵可能已經聽不到了；你也許想要讀書學習，但注意力已經遲鈍，記憶力也退失了；你也許想要走向佛法，但身體已經走不了或坐不住了；你也許想要修持，但是四大的能量已經衰退，且無法保持專心；你或許想要布施你的財產，但財產卻被他人所控制，你無法作主；你或許樂意承受修行的艱困，但你的體質卻已無法承受壓力。若是讓上師和法友感到不歡喜，晚年到來時，你也許想要修行卻已經不能修行了，那時你會這麼希望：「年輕時若是有這樣的意願該有多好！」但這麼希望也沒用了。能夠投入心靈修持的時候卻不去做，現在後悔爲時已晚。

青壯時期對佛法修持毫無興趣的人，無異愚人！

蓮師又說：措嘉，在修持解脫的佛法時結婚、過著家居生活，就像是被束縛在緊固的鎖鍊中，不得自由；你或許想要逃走，然而你已經身陷輪迴地牢，逃脫無期；你或許已經感到懊悔，然而你已沉沒在情緒的泥沼中，無法脫身。如果你有了孩子，他們或許很可愛討喜，然而卻是把你捆綁在輪迴中的椿柱；如果你沒有孩子，無法傳宗接代的憂慮甚至更令人苦惱。如果你擁有財產，在畜牧及農忙間疲於奔命，你便不會有閒暇來修行佛法；如果沒有財產，飲食匱乏所帶來的痛苦與掙扎甚至更令人苦惱。如果有僕從與員工，你便完全甘於當個忙於經營管理的奴隸；如果不是這樣，缺乏權力便讓你爲他人所控制，沒有修行佛法的自由，這麼一來，你的今生及來世都被破壞了。

總而言之，成家立業、過著家居生活的人，只會讓自己陷入苦惱的泥沼，這樣是沒有機會走向解脫的！

蓮師又說了：措嘉，世間的歡樂極爲無常易變，然而你若能修持神聖佛法，你的快樂便會長長久久。世間的財富既短暫又片刻易失，然而你若能持續積聚資糧，你便是眞正富有的。投身惡行的人是多麼無知，而行善的人卻是明智的。把自己交付給具義教法的人們是多麼高貴可敬，而追求無意義的名利的人們又是多麼短視、不道德。世俗名聲及物質利益是苦痛的家戶主，而聖者則是一生證得佛果的人。

戀執這個世間的人，根本得不到脫離輪迴的良機！

蓮師又說：措嘉，煩惱會因情境不同遇緣而生，因此，逃離貪瞋之地吧！障礙皆因散亂放逸而起，因此，要追隨殊勝的上師，有如遵循藥方一般。此生的窮困與不幸皆肇始於過去的行爲，因此，要住於無人的僻靜處。惡行會因情境之故遇緣而造，因此，要像避開毒藥一般，遠離不好的友伴。陷阱是由錯誤的見解引起，因此，要敞開心胸去學習和思維。無論生者或死者，起伏興衰都會降臨在每個人身上，因此切莫怪罪其他人。無論什麼喜悅或是快樂降臨在你身上，都源自於你自身的福德，因此不要驕傲。趁著還有能力避開輪迴的惡趣，努力去獲得證悟吧！

活在惡行中的人們，將會長時受苦！

蓮師又說：措嘉，大體而言，死亡時刻是不確定的，從你出生那天起，死亡就伴隨著你了。你會在何種情境下命歸黃泉，也是無法確定的；就算你不想死，你還是會死去，死亡絕不會遺棄你的。你或許積聚了世間所有的財富，但你仍舊必須將財富留諸身後。

輪迴不會在你死後就消失，你將再次流轉於三界之間。輪迴之中沒有任何快樂可言，無論你投生在六道當中的哪個地方，都超越不了悲苦。過去你經歷了多少痛苦，流轉多少次了，而你將繼續在輪迴中流轉徘徊，在苦難的浪頭上顛簸翻騰。若是努力修持佛法，斷絕自己和苦難的連結，不是更好嗎？而且除非自己抵達了乾燥的陸地，否則無法引領他人脫離輪迴。然而，似乎所有的佛法行者都還是執著於世間娛樂，不斷把自己丟回輪迴之中。

在閒暇與圓滿的幫助之下，你必須當下就切斷與輪迴的聯繫！

蓮師又說；措嘉，除非你現在就得到解脫，否則無論來世投生何處，你將只會更深陷於輪迴的不幸之中。除了住於山間隱居處之外，無論所居何處，也只是住在輪迴的牢獄中。除非投入心靈修持之中，否則無論你做什麼，也只會造作更深陷輪迴的惡業。

除了積聚二資糧之外，其他任何你所積聚的東西，都只會變成魔羅的不忠背叛。除了追隨心靈導師之外，你所跟隨的其他任何人，都只會是把你引到更深輪迴的嚮導而已。除了聆聽上師的口訣教授之外，你所聽信的其他人，都只會是讓你更墮落的顧問而已。

除非你的生命之流中生起了心靈功德，否則任何友伴也只會是錯誤行爲的支持者而已。除非你了悟自心本性，否則無論什麼念頭，也只是概念性的想法而已。除非你可以駕馭自心，否則你做的任何事也只會延續迷妄而已。除非你厭倦了輪迴，否則你做的任何事，也只會是投生惡趣的種子而已。

無法不對輪迴著迷的人們，將會不斷受苦！

蓮師又說：措嘉，大限到來時，其他什麼都毫無助益，所以要這麼做：要找到一位能體現大乘教法的上師，去領受能體現自心本性之眞實了悟的口訣教授。

要尋找一個必需品方便可得的安全閉關處所，安頓下來，堅毅精進地修行。不要懈怠延遲，趕緊塡滿你的寶庫吧①！

要與那些虔敬、堅毅、明智的同伴爲伍，要修持能在解脫道上引導你的教法，要如同迴避毒藥一般，避開會引至惡趣的惡行。要讓自己持續浸淫在大乘之根，悲心之中。至於你的首要目標，就是訓練自己證得那遠離概念的空性。

除非斷捨了散逸，否則要透過心靈修持達到成就是很困難的！

蓮師又說：措嘉，你難道不曾聽過自己的長輩和祖先們的死訊嗎？你難道沒看過同輩和鄰居的死去嗎？你不曾留意過，不管老的少的，所有親戚都會死去嗎？你不曾看過屍體被帶到墓地嗎？你怎麼會不記得死亡將會降臨在你身上？如果你一直不去激勵自己，得到解脫的時刻是不可能到來的！

善功德的根本，就是謹記無常，因此，千萬不要忘了對死亡保持敬畏！在所有的概念中，無常的概念是最殊勝的，因此，切莫忘失！相信事物會永恆持續的心態，正是一切惡行的根源，因此，要把這種心態連根拔除！除非你由衷地將這〔無常的〕心態憶持於心，否則惡行將會堆積如山。

進一步清楚闡明這點：凡夫不會去尋求解脫，達官顯要常自以為是、且執著浮誇的自尊，富有的人被貪欲所束縛，無知的人對惡行感到適意，懶惰懈怠的人活在漠不關心的冷淡中，修行人卻退回舊有的世俗，佛法教師步入世間八法的歧途中，缺乏虔敬心與精進心的行者則追逐短暫此生的種種目標，這一切都是因為沒有把無常謹記在心的緣故。

一旦無常的想法真正同化為你的生命之流，解脫道上的一切功德便會如山一般向上累積，因此要建立「無需刻意有所作為」的心態！要建立「世俗目標皆毫無意義、微不足道」的心態！要捨棄這世間毫無意義的一切！

要堅忍不拔地走上解脫道！不要執著於物質事物！不要執著地把五蘊當成自我！要了解

①這是指以福德與智慧二資糧來填滿你的寶庫。

放逸就是魔羅！要了解令人貪求的感官對境都是詭計！切莫與危機感相分離！

要將此生的俗務視爲敵人！尋找一位眞正的上師！要逃離罪惡的友伴關係！要逃到靜僻的山間居所！切莫延宕你的心靈修持！要持守你的誓戒和三昧耶！要讓自心與佛法相融合一！

你若是這樣做，本尊將會賜予成就，空行母將會授予加持，諸佛將會給你保證，而你將迅速達到證悟——這一切都來自於將無常謹記於心。

從過去到目前爲止，諸佛與佛子，以及諸持明者和成就者，都是因爲謹記無常而從輪迴中解脫的。

蓮師又說：措嘉，會墮入下三道的惡趣，是由於十惡業，因此，即便是最微小的罪惡都要悔改並且誓願戒除！有著概念所緣的善業不會成爲解脫之道，因此，要在離念之中懷攝你所有的心靈修行！多生累劫所造的善行，仍舊會被一念瞋心所毀壞，因此，要以慈心、悲心和證悟的心態來訓練自己！你或許已經了解空性，然而除非你能善保慈悲心，否則你的了解便會成爲斷見，因此，要讓慈悲與空性平等而行！

無論如何，除非你捨棄將事物執以爲實的執著，否則這一切都是枉然。因此，莫要將那些迷惘的體驗視爲堅固實存的實相！

蓮師又說：措嘉，除非你立刻將輪迴拋諸身後，否則以你的業力和煩惱爲因，你一定會得到這個果報：再次投生爲受因緣限制的肉身。如此投生之後，那個肉身便具有痛苦的本質。再次投生後，衰老與死亡不可避免地尾隨於後；接著，死亡一發生時，除了投生爲六道眾生之外，不會再有其他目的地了。

若是以這樣的形體再生，自然會有欲望和苦惱；想從五毒造作的業行而成的痛苦汪洋中逃逸出來，是遙遙無期的；而之所以無法逃離，邏輯上的推論就是因爲你不停地在輪迴中流轉。若是想要逃脫輪迴，你就必須了悟白心的無生；除非你了悟這點，否則就不可能從輪迴中解脫出來！

蓮師又說：措嘉，一般來說，輪迴既沒有開始也沒結束，然而身爲「自我」的你，必定會經歷輪迴的開始與結束！此生中，你可能有權有勢又富裕，但是這些毫無用處，因爲你仍舊必死無疑；你的力氣、力量與能力或許很強，然而這些並不能戰勝死魔。

你或許擁有財富和奢侈的生活，然而你一旦落入死神的掌控時，這些是愚弄不了死神的。你的軍團與財富或許勢不可擋，但是這些既無法發展出什麼，也無法跟隨你身後。你也許子孫滿堂，侍從和親戚眾多，但這些也無法伴隨你到下一世。你的身邊或許圍繞著全世界的軍隊，但是這些軍隊也阻擋不了出生、衰老、疾病和死亡的猛烈襲擊。

除非你現在就能爲來世的健康安樂作擔保，否則誰能忍受墮入地獄的痛苦？餓鬼道的飢渴是難以承受的，畜牲道所遭受的奴役是可怕的，而人道生命中的種種變異多半都是痛苦的，阿修羅道的鬥爭是難以忍受的，天道的墜落是極度折磨的！一切眾生都在這個墮落邪惡的輪轉中不斷徘徊流轉，生死的波濤實在難以逃脫！

除非你越過六道眾生的深淵，否則一切都毫無意義可言。爲了超脫六道，你必須培養無二元的明覺力！

蓮師又說：措嘉，如果你希望脫離輪迴，就應該這麼去做。

你凡庸的貪愛和瞋恨是錯謬且迷妄的想法，因此，就在其中將之徹底斬斷吧！相信有個自我，是輪迴的根源與基礎，要連根拔起這信念！親眷友伴是拉你下墮的枷鎖，要切斷這束縛！關於敵人和惡靈這類想法，是對自心的折磨，拋開這樣的想法吧！

冷漠會切斷解脫的生命力，要捨離這樣的漠不關心！詭計與欺詐是沉重的負擔，將之拋開吧！嫉妒是摧毀一切善的雹暴（hailstorm），要除去自身的過失！你的故土是惡魔般的監獄，要像避開毒藥一般遠離故土！

能引起欲求的感官對境是囿限你的繫縛，斷除這束縛吧！惡語是有毒的武器，管好你的舌頭吧！無明是最黑暗的染污，點亮學習與思維的明燈吧！愛人、配偶與子孫是魔羅的詐術，削減你的愛執吧！無論你經驗到什麼，這些都是迷妄的，讓這些經驗在原地自解脫吧！

若是能這麼做的話，你將會遠離輪迴！

蓮師又說：措嘉，當你了解到輪迴的過患，除此之外，無須再往他處尋求老師。當你已經眞正把無常謹記於心，除此之外，無須再依靠其他的激勵。當你了悟所顯現與存在的一切都是自心，除此之外，再無其他證悟之道。

當你對上師有了堅定的虔敬心時，除此之外，無須再尋求其他的佛。當你取悅一切有情眾生時，除此之外，沒有什麼三寶需要你去敬拜了。當你斷除念想的基礎與根本時，除此之外，再無其他需要禪修的本性了。當輪迴於其原處自解脫時，除此之外，再無其他覺醒境界需要成就。一旦你了悟這些道理，輪迴與涅槃便是無二無別的。

否則，青春短暫，困擾卻多；忘性堅強，對治法卻虛弱無力；心靈的振奮力薄弱，令人散亂的事物卻數不勝數；精進嚴重缺乏，惰性卻強得很；世俗工作多如牛毛，佛法的行持卻少之又少；惡念居於首位，明智卻極為微小。

喔，五濁惡世的人們在瀕臨死亡邊緣時，將會感到多麼遺憾後悔！措嘉，你必須領受甚深的口訣教授！

蓮師又說：措嘉，若要脫離輪迴，你必須對解脫道有信心。這也意味著信心是透過因和緣而生起，而非自生的。當因緣和合、你也謹記無常時，信心就會生起；能憶持因果，信心就會生起。

閱讀深奧的經典和密續時，信心就會生起；與具信忠誠的法友相處，信心就會生起；追隨一位上師和心靈導師，信心就會生起；處於痛苦的逆境中，信心就會生起。

在殊勝的壇城做供養，信心就會生起；會遇甚深的行持，信心就會生起；聽聞傳承上師的生平典範，信心就會生起；聽到證悟的金剛歌，信心就會生起。

看到其他眾生受苦，信心就會生起；思維輪迴的過患，信心就會生起；閱讀到屬於你的根器的神聖教法，信心就會生起；看到聖眾的功德特質，信心就會生起；領受到上師的加持，信心就會生起；積聚殊勝不共的資糧，信心就會生起。

這是我的建言：切莫捨離這些能讓信心生起的成因。

蓮師又說：措嘉，如果你內心已生起了信心，一定要使之持續不退。若是沒有信心，那就必須讓信心生起！

缺乏信心就像是試圖讓木炭變成白色，你與解脫道的善德相悖離；缺乏信心就像是潛藏於海底的寶石，你被深埋於輪迴深處；缺乏信心就像是坐在無槳之船中，是無法橫越海洋的；缺乏信心就像是在雖肥沃但卻粗硬未經深耕的土壤裡播下穀種一樣，沒有任何善德能夠倖存。

缺乏信心就像一顆被火烤焦的種子，不會長出證悟的新芽；缺乏信心就像是行經可怕之地，身邊卻沒有護衛一樣，無法戰勝煩惱之敵；缺乏信心就像流浪者入獄一般，你將無法脫離惡趣；缺乏信心就像無臂之人試圖攀岩一樣，你會落入六道的深淵。

缺乏信心就像被獵人捕獲的鹿，你將會被死神刑處；缺乏信心就像盲人盯著壇城看一般，看不到任何智慧或所知對境；缺乏信心就像一個到了純金島的傻瓜一般，絲毫不知自己找到了什麼（寶藏）。

沒有信心的人，是不可能得到解脫或證悟的！

蓮師又說：措嘉，若要達到證悟，具備信心即是完成了佛法修行的一半。

信心猶如一塊肥沃已耕的田地，任何種植下去的教授都會生長；信心猶如滿願寶一般，會產生加持而成就行者的任何追尋；信心猶如世間領主，守護著佛法王國；信心猶如一座堅固的城堡，能抵擋、承受自我與他人的煩惱。

信心猶如一座橋樑或是一艘船，能讓你橫渡輪迴的汪洋大海；信心猶如一條垂吊深淵的繩索，能將你從下三惡道中拉上來；信心猶如具有治療能力的醫生，能消除五毒的慢性病；信心猶如強壯的護航者，能安全地引導你通過輪迴的險境。

信心猶如有保護力的守衛，能保護你遠離狡詐不忠之四魔；信心猶如逐漸盈滿的月亮，讓善德愈來愈增長；信心猶如能巧妙迴避監禁的賄賂一般，能哄騙魔力的死神；信心猶如一條上行的道路，能帶領你走向崇高的城市。

信心猶如無窮盡的寶礦，能供應一切所需所欲；信心猶如人的雙手，能積聚善根；信心猶如一匹迅捷的駿馬，能帶你到解脫之處；信心猶如一隻能負重的大象，能引領你步步高升；信心猶如活力燦然的泉源，能湧現、展現內在的本覺。

一旦信心從內心深處湧現，一切善功德將會到達高山之巔！

蓮師又說：措嘉，佛果的一切善根端賴於信心，因此，要讓不變的信心由衷地從內心深處生起。信心能避免無暇不自由的狀態，能使我們獲得八閒暇與十圓滿；信心能將你和惡友分開，讓你追隨純正的上師；信心能關閉通往下三惡趣的門扉，並顯示解脫道的開端。

信心能驅散疑惑和猶豫，引領你超越魔羅之路；信心能約束自負與妒忌，使你得獲八閒暇與十圓滿；信心能使你免於惡行的缺失，讓你獲得一切有益的事物；信心能使你超越執著的對境，讓你對全然的臣服有所確信。

信心能使你捨棄錯誤的見地與行為，對勝者教法有所確信；信心能徹底驅散煩惱，使你發現自生或本自存在的善德；信心能使你橫越存有之海，並成為一位眞正的嚮導；信心能減少不善，並增加一切善；信心能排除錯謬的建言，使你成就究竟的精髓。

密續法教中教導，比起承事十個佛土的微塵那麼多的有情眾生，對大乘教法具信心擁有更大的福澤！

蓮師又說：措嘉，人們若是願意聽，以下就是他們應修持的教授。

你過去爲種種無意義的活動而汲汲營營，已經夠了，現在就去完成重要任務吧！你爲他人而承受煩人與無望的奴役，已經夠了，現在就爲自己成就必需的利益吧！你那些源自於五毒的無益言語和行爲，已經夠了，現在就讓身、語都轉向著佛法吧！你那漫不經心的自滿，已經夠了，現在就拿出對修行的歡喜精進吧！

你對親眷的屈從已經夠了，敲碎那片恐懼之牆吧！你對敵人與惡靈的仇恨已經夠了，現在要訓練自己生起慈心與悲心！你深陷六根對境中的困頓已經夠了，現在就觀入心的本然境界吧②！你所造的惡業已經夠了，現在就斷捨罪行與惡行吧！

你在輪迴中承受的苦痛已經夠了，現在就逃脫到大樂之土吧！眾人的聚會已經夠了，現在就安住於獨居的靜處吧！你所說的有害言語已經夠了，現在就保持緘默，與眞理爲伴吧！你那些迷惑的念想和計畫已經夠了，現在就認證法身，你的本然面貌吧！

現在就是讓信心與精進合而爲一的時候，也是成就覺醒境界或正覺的時候了！

② 第六根的對境即是發生在心的範疇中的一切：過去的記憶和未來的計畫、現在喜歡與不喜歡的感受等等。

蓮師又說：措嘉，直至證悟前，你都需要上師，因此，要與純正的上師爲伴。直至了悟本然境界前，你都必須學習，因此，領受甚深的口訣教授吧！僅依賴理智上的了解，是無法覺醒而達到證悟的，因此，要像燃起大火般精進修行。直到你的本性達到穩定之前，你仍然容易遭逢障礙，因此，放棄會使人散亂的俗務吧！直到抵達最終目的地之前，你都需要培養善功德，因此，要次第訓練自己強化明覺！

要跟那些會傷害你的思想、語言和行爲的一切保持距離，且要讓自己總是保持輕鬆自在。要避開會增生煩惱的友伴，集中注意力在能鼓勵你向善的朋友身上。在早晨、夜晚與休息的時段，要累計你的善行與惡行，讓自心保持警覺。你或許擁有口訣教授，然而除非你能運用到實修中，否則這些口訣也發揮不了效用，達不成目標，因此，要實修你已經了解的法教。

由於實踐了上師的所有教示，果自然會相隨於後，因此，要聽聞神聖的佛法！

蓮師又說：措嘉，至誠修持佛法時，衣食便會自然出現。

猶如喝鹽水一般，欲望永無制滅之時，因此要保持知足。要剷除你誇大的自尊，保持溫和、遵守律儀吧！榮譽感與敬意是魔羅的圈套，因此要像拋開河岸卵石般，將之遠遠拋開。歡愉和好名聲是短暫易逝的，因此，要不顧一切地將此生的俗務完全拋諸腦後。未來世比當下此生更爲長久，因此，要爲自己準備好最殊勝的資糧。

我們應該讓此生保持獨自一人，無友無伴，因此，尋求那無畏的護衛吧！切莫輕蔑溫順的人，別在高低之間作分別！不要嫉妒具格者，要汲取具格者的功德特質！不要老是想著他人的瑕疵，而是要像仔細除去臉上毛髮一般，盡可能除去自身的過失！不要關心自身的福樂，而是要爲他人的安樂而擔憂，並且仁慈地對待一切眾生。

要生起四無量心，要像照顧自己的孩子一般，照料所有眾生！猶如仔細秤量羊毛的重量一般，要詳盡地權衡、細思顯經與密續，並吸收經典教法，將之同化到生命之流中！猶如翻攪酪乳一般，要翻遍你的王國，去尋求最深奧的教授！所經歷的一切都透過以往的業力而起，非因渴求而至，因此，輕鬆自在地安住自心吧！

被崇高莊嚴的上師所輕視的話，比死亡更糟，因此要坦率眞誠，切莫欺瞞！此生的逆境是由於往昔的業力，因此不要怪罪到他人身上！安樂是上師的加持，因此要審愼報答上師的恩德！沒有調伏自己，就不可能影響他人，因此要先調伏自己！沒有更高超的洞察力、感知力，便無法成就有情眾生的安樂，因此，要精進修行！

蓮師又說：措嘉，人們若是眞心關切自己，就應該要聆聽我的教授！

我們都必須將所積聚的一切財富留諸身後，因此，切莫爲了財富而做出惡行！善行與惡行的業報成熟，經過累劫也不會消失，因此，連最微細的因果關係都要小心注意！短暫無常的資財毫無實質，因此，要用這些資財作爲布施的功德行！現在創造的善德，未來將會派上用場，因此，要持守清淨的律儀！

仇恨在末法時代的五濁惡世中猖獗蔓生，因此，要穿戴安忍的盔甲！由於懶惰懈怠，你將再次步入輪迴的歧途，因此，要發起毫不散亂的精進！你的生命在散亂的道路上虛擲耗盡，因此，要訓練自己禪修、熟悉固有的本性！無明在輪迴中折磨你，因此，要點燃智慧之燈！污穢的沼澤中毫無快樂可言，因此，行進到解脫的乾燥陸地吧！要以甚深教授正確訓練自己，並切斷存在之網！要捨離你的家鄉，與親眷保持距離，過著山居靜修的生活！要捨棄思想、言語和行爲的散亂或心不在焉，深觀、契入你那不受囿限的本性！

坐最低下的位置、穿破舊的衣服，並保任維持你的體證！吃簡單的食物，像印度河川蜿蜒而流一般慢步當車，掘出聖眾的心意寶藏！你永遠都找不到完美無瑕的有情眾生，因此不要老是想著上師與法友們的過錯！

此生的一切都是表面的實相，因此，不要耽溺在希望與恐懼之中，而是要訓練自己了知一切都是幻相！爲了能在未來利益眾生，你必須要培養菩薩的決心！二障阻礙了善功德的生起，因此，要迅速淨化二障！

如果你畏懼如火中房宅的輪迴，就應該留意蓮花生的這些教誡！

蓮師又說：措嘉，如果你希望不間斷地修行，就直接斷除你的貪著吧！

當令人生畏的神通軍隊到來時，要以「視爲幻相」的銅牆鐵壁包圍自己③！當你爲了一

③神通包括了天眼通、宿命通，以及展現較小神變的能力，這可能會變成一種心靈傲慢的基礎，讓行者對成為一位「追隨者衆多的上師」的誘惑感到難以抗拒。【英譯者艾瑞克．貝瑪．昆桑】

句不友善的話語而生氣時，要去尋找那個迴音的源頭！若想培養觀禪的覺性，就要用視覺對境與聲音作爲方便道。若想圓滿體驗之力，就要透過增上修持來開展你的禪修技巧！

若想通過聖者的道次第，就要深入探究方便與智慧的見地！若想擁有無窮盡的財富，就要積聚二資糧之財！若想橫渡錯誤見地的危險地帶，就要讓自心免於二元感知的囿限！若是希望大樂智慧在你的生命續流中增長，就要接受方便道上的直接教授。

若希望自己始終是快樂的，就要逃脫這苦難的牢獄！若是希望了悟自心無根無實的體性，就要斷除對禪修體驗的執著！若是希望沉浸在加持的安穩法雨中，就要虔敬地祈請！若是希望橫越六道眾生的深淵，就要驅除罪惡有害的我執。若是想要體現佛法的神聖祈願，就要斷除自己與當下經驗之間的執鍊！

若是希望訓練自己對觀禪的覺性，就不要將無二元的明覺放在猶疑不確的門檻上！若是希望自心與佛法相融，就不要讓你的修行變得麻木不仁。若是希望在此生完成你的任務，就不要讓果位停留在只是祈願的階段！若是希望能體驗所顯現和存在的一切皆爲本覺，就要深觀契入自心的本然境界！

措嘉，似乎沒有什麼行者眞的在正確地修持佛法！

蓮師又說：措嘉，爲了要利益未來世代的人們，要給予他們符合其能力的戒律，要給予他們符合其才智程度的教授，要給予他們符合其精進程度的修持。

要了解剛剛所說的，並教導他們你所信賴的法教；否則，悟性高的人被教導的若是令他們不感興趣的法教，仍舊會感到不滿足，如此便會減弱他們的信心，也造作了使他們失去信心的罪行。

若是對悟性低的人教導較高階的了義法教，他們是無法理解的；即便理解了，某些人可能會感到害怕，而且會毀謗這些法教。有些人只了解文字，並不了解其眞義，如此所得到的傷害多過所得到的利益④。

如同有智慧的上師們所教示的，悟性較低的一般弟子即便領受了究竟無上的法教，也無

④了義是關於空性以及明光的直接教導，相對於「不了義」（expedient meaning），而「不了義」則是漸次引導至了義的教導。

法與眞實的佛法有所相應，反而卻對自己僅有字面了解的文字感到自信滿滿，這樣的行者還是會退轉，也無法眞正了解其眞義。

教導「無須聞、思」，只會減損他們程度本就低落的智慧，並加深本有的無知；教導「佛法即是無有勤作」，只會減低他們本就薄弱的精進，並加深本有的懶惰懈怠；教導「無因無果」，只會減損他們本就微少的善德，並使他們更固著於原本的膚淺了解。

教導「無善無惡」，只會損害他們本就低微的虔敬心，並使本有的自滿更爲膨脹；教導「無生無死」，只會侵蝕他們本就衰弱的信心，並增加本就眾多的錯誤見地；教導「無有輪迴與涅槃」，只會耗盡他們對證得佛果本就薄弱的興趣，並使他們對世間八法本就強烈的固著更加不可動搖。

如此產生的錯誤見地更多於利益。

蓮師又說：措嘉，除非你眞已厭倦受苦，否則即使思考過輪迴的過患，你也不會遠離世俗的事務。除非無常觀已眞正深植內心，否則即使你看到了緣起事物的種種改變，也無法切斷對顯相的執著。除非你隨時都記得死亡不知何時降臨，否則即使你已領受過甚深教授，也無法將這些甚深教授憶持於心。

除非你已確信種種迷惑的體驗是不眞實的，否則即使你理解實體實相僅只是神奇幻相的誘惑，你也不會放棄對它的執著。除非你放棄世間的俗務，否則即使你這個法器已裝滿了甚深教授，也無法將輪迴與涅槃分開。除非你現在就掌握王者的堡壘，否則即使你已爲未來造了一些善業，也不會清楚自己的惡業會把自己帶向何處。

除非你眞心從輪迴的汲汲營營中轉身離開，否則即使你或許偶爾感到有信心，也不會到達禪修的終點。除非你捨棄家庭生活和對故土的執著，否則即使你堅決地努力修行，也無法從輪迴的沼澤中脫身。除非你讓自己從我執對境的糾結中脫身，否則即使你理解三界毫無實質，也無法阻擋流向六道的巨流。

除非你讓自心與解脫道相融，否則你或許通達五明，卻無法福佑他人的經歷。除非你已根除自身的內在過失，否則即使你已瞥見覺性的喜樂和清明，煩惱的穢惡僵屍仍會再次起身。除非你切斷了渴望的束縛，否則即使你已放下喜歡和不喜歡的對境，依舊會一再退回渴望的狀態。

即使你已獲得上師的口訣教授，若是俗務繁多，你根本也找不到機會證得正覺。你或許不斷在進行聞、思，然而除非對生與死的恐懼已棒喝你心，否則一切法教也不過是字語而已。你或許嫻熟四業，然而除非你為的是眾生的福祉，否則你所謂的菩薩決心也是無用的。

你的律儀盔甲或許令人印象深刻，然而除非你納受了自心本性，否則這樣的盔甲也禁不住刺耳的話語。你或許對內外教法博學多聞，然而除非你努力修持，否則你的心也不會比一個平常人更高尚。你上師的善德或許如雲集般巨大，然而除非你這個弟子具有虔敬心之田，否則加持之雨也不會降落。

身為修行者的你，或許已領受過加持與口訣教授，然而除非你擁有無量的悲心，否則也利益不到有情眾生。你或許擁有人類世界中的城堡，然而除非你掌握了無生的王者堡壘，否則來世的你仍將慌亂地漂泊流浪。除了與始終如一的了悟長伴相隨之外，否則儘管你擁有許多親朋好友，你仍舊會死亡，將他們留諸身後而去。

你或許成就了一切英勇的武術，然而除非你以這個身體圓滿了禪修力，否則你也無法抵禦死神的軍隊。你的口才雄辯或許很巧奪人心，然而除非你全心全意堅決要獲得解脫，否則這樣的口才也說服不了死神。除非你現在就滋養具有長久價值的田地，否則就算終此一生你都在積累財富，將來連一粒麥子都帶不走的那一天，終究會到來。

善緣順緣都具足和合了，才能夠一生證得佛果，這是非常難得的！

蓮師又說：措嘉，看來西藏大部分的佛法修行者根本沒有把法教謹記、內化於心！若是眞的這麼做了，就不可能如此懶惰且漠不關心。他們肯定也尚未了解輪迴的本質，若是了解了，就不可能還如此執著有個固化的實相。他們肯定也沒有思維過難得的八閒暇與十圓滿，若是眞的做到了，就不會投入那些無意義的活動。

他們肯定不了解因果法則，如果眞的了解了，他們就會極度謹慎地避免惡行。他們絕對沒看到善行的良好功德，如果眞的看到了，他們就會無疲無倦地積聚二資糧。他們肯定不曾有過甚深本性的體驗，如果眞的有過，就不敢讓自己離於修行了。

他們也不可能下過大乘的決心，如果眞有大乘的決心，他們就會完全無視自私的目標，而會爲他人的福祉而努力⑤。他們必定也尚未將自心契入自心本性；如果已經契入了，必定會遠離嫉妒與自負。他們也絕對沒有聞、思過九乘次第，如果眞的做到了，就會了解大乘與小乘教法的差別。

他們想必也不曾親近密咒的見地，如果眞是如此，他們就會知道應捨輪迴、應取涅槃。他們必定尚未了悟本然境界的眞實見地，如果眞有了悟，他們一定不會以如此拙劣又偏頗的方式來行動。他們根本沒有想要覺醒契入圓滿的證悟，如果眞的如此，他們就會對此生的無益事務不屑一顧。

有許多人對佛法連一丁點兒興趣也沒有。

蓮師又說：措嘉，如果你希望自心與法相融，我可以給你這個佛法教授。

顯經與密續法教是始終如一的可靠見證者，因此無論所行何事都要如法。上師的建言是最究竟的忠告，因此要遵循聖眾的言教。你所修持的本尊能幫助你獲得成就，因此要持續禪修，毫不動搖。守護者能遣除你的障礙，因此要依賴空行母與護法神。

你的任務就是投入心靈修持，因此無論是思想、言語及行爲，都不要離開佛法修持。你所經歷的一切都是迷惑感知，因此要將任何顯現視爲皆不眞實。你應該調伏的是我執，因此要將邪惡的私心驅除。你應該布施、給予的是他人的安樂福祉，因此要像保護自己孩子一般，保護有情眾生。

你應該了悟的是見地，因此要認出輪迴與涅槃即是內在本性。你應該遣除的是障礙，因此要將逆境視爲幫手。你應該證得的是佛果，因此要了悟三身。當你具備這一切特質時，你的心便會與佛法相融，但是大部分人都沒有圓滿解脫道。

蓮師又說：措嘉，末法時代接近時，在西藏會有許多人希望獲得證悟，但由於這些人仍需了解如何正確修持佛法，因此只有一些人會成功。屆時，他們若是願意聽信這仁慈的忠告，便能步上獲取幸福快樂的道路。

⑤ 大乘的決心是為了一切有情的利益，想要達致正覺的菩薩戒。

懇求您賜予我們這個忠告，措嘉說。

上師答道：你或許很勤奮刻苦，然而只要還住在城市中，你就逃脫不了有礙魔，因此如果你希望迅速獲得成就，就應住於僻靜的山間居處。你可能有了大乘的決心，然而自身若是尚未成熟，利益他人福祉的工作就會顯得艱苦費力，因此要讓修持成爲個人親證的體驗。你或許具備了義的見地，然而除非你已能在日常活動中善巧運用這些見地，否則你依舊會不慎落入凡夫五毒中，因此，要捨棄世俗的事務。

你或許追隨著似乎是佛法的心靈修持，然而若是失去菩薩的決心，你便會逐漸漂移到世俗人的路途上，因此，要捨棄世間八法。你或許因爲上師的悲心之故而被接納，然而除非能拋開世間八法，否則你便不能斬除朋友和敵人的束縛，因此，要捨棄自他二元的執著。你或許已領受過甚深的教授，然而你若是不持之以恆，單是領受過教授也無法消除障礙，因此要運用方便善巧讓修行次第進展。

在禪修中你或許能全神貫注，然而除非能將逆境運用在修行道上，否則這種全神貫注也無法斷除強烈的習氣之流，因此要在〔下座〕的後得智慧中體驗你的內在本性。你的概念性心靈修持或許毫不間斷，然而除非能將自己的野心釋放到離念境界中，否則這種修持也會變成對成果的希望與恐懼，因此，要解開二元執著的繩結。

你對顯經與密續的認識或許很廣泛，然而除非了悟自心的本然狀態，否則當你的心離開身體時，你仍舊會是一個凡夫，因此，要認清修行的眞正本質。你或許一心嚮往成就，然而除非你始終都能是守護三昧耶的具格法器，否則你將會顯現出對特定本尊的偏好，因此，要保持三昧耶的清淨。

無論如何，已入佛門但行持卻不符合顯經密續和上師言教的人，是無法尋獲快樂的。但他們若是能聆聽烏迪亞納的蓮花生上師的建言，不僅此生會快樂，來世也會歡欣喜悅。

蓮師又說：措嘉，如同嚴冬的末法時代中，人們將遭受如此苦痛：王者的律法如夕陽般衰微，君王之子民的宗教戒條猶如絲結般破損。世界各地的佛法學習與教授，將如同飄落水面的雪花般隱沒；思維與禪修佛法的行者會比晨星更爲稀少；以利他爲目標的具德上師，將會像是被丟進深井的石頭般一一殞沒；不同動物的物種會愈來愈削減，猶如收割季節的作物般被割離，成爲過去世代的傳說。猶如渡船與橋樑的心靈教師，將會在這強大束縛的水域中絕跡；有著良善特質的人們將會消失，猶如被颶風橫掃過的草與樹叢一般；而釋迦牟尼佛的教法，將會如薄暮之影一般枯褪式微。

當那個時代來臨時，你好心所說的話語將被聽成指責與諷罵。忠告他人要修行佛法時，他們會回說：「你自己修就好了！」教授到有關佛心或佛性的內容時，這些人根本錯失重點卻佯裝了解。教他們要相信業力法則時，這些人會說：「這不是眞的，是虛妄錯誤的！」

在那個時候，人們將會以殺生來維生；經商貿易時，人們會招搖撞騙做交易；人們也好以衣著裝扮等提高他們的自信；人們會爲了求取獎賞而殺人，而且著迷於性變態。由於人們以商品和財產作爲主要追求的目標，他們將會把屠殺生物當作宗教活動，享用這些被屠殺的生物。這就是將會來臨的時代。

在那個時候，修持我的建言的行者，將會利益自身與未來世代其他因緣註定的人們，因此，卡千的措嘉啊，爲了未來的人們，要寫下這些建言，以伏藏形式埋藏起來！

蓮花生大師如是說。

12 金剛界壇城祈願文

頂禮上師。猴年猴月的第十天，於桑耶寺以綠松石覆蓋的中央會堂，烏迪亞納的上師在開顯金剛界壇城時，述說了這篇祈願文。之後，國王和弟子們便以這篇祈願文作爲每日修持。未來所有的世代也應以此祈願文作爲修持。

十方四時的勝利者與您的子嗣們、
上師眾、本尊眾、空行母與護法眾，
如世上微塵般無量的您們，懇請來到此處，
請坐在我面前虛空中的蓮花月輪上。

我以恭敬的身語意頂禮，
向您們獻上外、內、密和眞如❶的供養。
在善逝您，無上禮拜境的面前，
我爲自己過去的罪行感到羞愧，

並懊惱地懺悔我現在的不善。
未來我應遏止自己造作不善，遠離惡行。

我隨喜一切福德與善德的積聚，
並請求勝利者您，勿入涅槃，
請轉動三藏與無上法教的法輪。
我將一切善德資糧迴向給眾生的心，
祈願眾生達成無上的解脫。

諸佛與您的子嗣們，懇求您傾聽！
願我現在所作的一切祈願，

❶（中譯註）Suchness：空性或事物的本質——法性（dharmata）的同義字，可被用來描述緣起和空性的合一。

所表達的一切都能相應於
勝利普賢王如來與其子嗣
以及神聖文殊師利的智慧。

祈願所有珍貴的上師——法教的光輝傑出者，
如虛空般遍及一切處。
祈願他們如日月般普照一切眾生，
祈願他們的生命力如高山一般堅固。

祈願珍貴的僧團——法教的基礎，
能夠和諧、持守清淨誓戒，且三學處富足。
祈願法教精髓密咒乘的行者，
持守他們的三昧耶，並完成生起與圓滿次第。

祈願支持佛法的統治者——法教的守護者，
能擴展領土，協助佛法的開示。
祈願貴族與首領們——法教的僕人，
智慧增長且足智多謀。

祈願所有富裕的在家眾——法教的護持者，
擁有財富與各種享用，且免於傷害。
祈願對法教有信心的所有國家，
都能擁有和平快樂，並免於障難。

祈願我，修道上的瑜伽士，
具足無過失的三昧耶，且能實現我的願望。
祈願與我有著善業或惡業之業緣的所有眾生，

無論此時或究竟上，都能被勝利者所珍視。
祈願一切眾生進入無上乘的大門，
並抵達普賢王如來的廣大王國。

要敦促自己在六座中如此祈願。
三昧耶，封印！

偉大的伏藏師秋吉．林巴，是莫儒王子的化身，在群眾面前取出此伏藏。在最爲神聖之地的勝千．南措的右坡，珍寶堆岩山上的地下，他取出此伏藏。在由毗盧遮那的法衣製成的絲綢紙上，有著措嘉所寫的藏文字「宿爾瑪」（shurma），當時立即被貝瑪．噶汪．羅卓．泰耶（Padma Garwang Lodrö Thaye）正確抄寫下來。祈願善德增長。

出處

第一章〈寶釘遺教〉：取自《直示密意》的「本淨自生自解」（Kadag Rangjung Rangshar）章節，第四函（舍以），五五～七四頁。藏文標題爲：ZHAL CHEMS RIN CHEN GZER BU。

第二章〈對赤松德眞的忠告〉：《大寶伏藏》版本，一八〇～一九一頁。

第三章〈小乘大乘無牴觸〉：取自《大寶伏藏》，第一函；瑪兒契（Martri）的第四部分（二〇〇～二〇三頁）。

第四章〈甘露金鬘〉：藏文題名爲：ZHUS LEN BDUD RTSI GSER PHRENG BZHUGS LAGS SO。❶

第五章〈唱予二十五位弟子之歌〉：分別給予二十五位親近弟子的精髓教授之歌，《通瓦敦丹：具義之見》（*Tongwa Dönden*）的第四十八品，一三九b頁。同樣的歌曲在《上師密意集》的預言授記部分也可見到，二一六～二二二頁。《上師密意集》的預言授記，藏文標題爲：BLA MA DGONGS PA 'DUS PA LAS, MA 'ONG LUNG BSTAN GSANG BA'I DKAR CHAG BKOD PA'I LUNG BSTAN BKA' RGYA。❷

---

❶（中譯註）此藏文標題的中譯為〈答覆提問之甘露金鬘〉。

❷（中譯註）此藏文標題的中譯為〈取自《上師密意集》未來秘密預言的目錄：莊嚴的預言令文〉。

第六章〈除障珍寶寶庫〉：取自卡達・讓炯・讓霞（Kadag Rangjung Rangshar）系列，《直示密意》的第四函（舍以），第十三章 /PO，二六一～三二〇頁。藏文標題爲：GEGS SEL NOR BU RIN PO CHE'I MDZOD：MTSHO RGYAL ZHUS LAN。

第七章〈如何正確修持佛法〉：《大寶伏藏》，第一函，二三〇～二五四頁。大約對應《上師密意集》的稼（CA）函，八四二～八六七頁。

第八章〈杖指老人〉：《大寶伏藏》，四六三～四六七頁。

第九章〈關於修持的口訣教言〉：取自《上師密意集》，稼（CA）函，八四二頁。對應《大寶伏藏》，第一函，二三〇～二五四頁。藏文標題爲：SPYOD PA'I ZHAL GYIS GDAMS PA。

第十章〈迴向的滿願寶〉：取自《上師密意集》，嘎（GA）函，五五～七二頁。藏文標題爲：BLA MA DGONGS PA LAS：BSNGO BA NOR BU BSAM 'PHEL ZHES BYA BA BZHUGS SO。

第十一章〈激勵心靈修持的開示〉，取自《通瓦敦丹：具義之見》的彙編集。

第十二章〈金剛界壇城祈願文〉，《大寶伏藏》及《秋林德塞》（秋吉・林巴的新伏藏珍寶，Chokling Tersar）的伏藏珍寶集錄中皆有收錄。

詞彙解釋

詞彙解釋摘自以下資料來源：秋吉・寧瑪仁波切（Chökyi Nyima Rinpoche）、祖古烏金仁波切，以及祖古貝瑪・旺給（Tulku Pema Wangyal）的口述教授、往昔出版品的索引、經年來由馬修・李卡德（Matthieu Ricard）彙編的註釋；彼得・羅伯特（Peter Roberts）的註釋。關於蓮花生二十五位弟子的細節，感謝祖古東杜的《寧瑪巴的密續傳統》（*Tantric Tradition of the Nyingmapa*，一九九四年佛乘【Buddhayana】出版），以及法王敦珠仁波切的《寧瑪傳承的歷史及基礎》（*The Nyingma Lineage, its History and Fundamentals*，*Wisdom Publications*），後者由吉美・多傑（Gyurme Dorje）以及馬修・凱斯藤（Matthew Kapstein）所譯。

（編註：爲了讓讀者方便查閱，將詞彙以筆劃排序）

【二劃】

七支淨供（Sevenfold Purity，藏文拼音 dag pa bdun）：與七支供養相同，即是：頂禮、供養、懺悔、隨喜、請轉法輪、懇請勿入涅槃，以及爲一切眾生的利益而迴向功德。

七句祈請文（Seven Line Supplication，藏文拼音 tshig bdun gsol 'debs）：著名的蓮花生大師祈請文，起句爲：「烏金境域西北隅」。

七種傳承（Seven Ways of Transmission，藏文拼音 bka' babs bdun）：教典或口述傳承、地伏藏、伏伏藏（再伏藏）、意伏藏、隨念、淨相或淨觀，以及耳聞傳承。

九次第定（Nine Serene States of Successive Abiding，藏文拼音 mthar gyis gnas pa'i snyoms par 'jug pa dgu）：四禪（four dhyanas），四無色定，以及聲聞的寂靜三摩地，也被稱爲滅盡定或滅受想定。

九乘次第，九次第乘（Nine Gradual Vehicles，藏文拼音 theg pa rim pa dgu）：聲聞、緣覺、菩薩、事部、行部、瑜伽部、大瑜伽部、阿努瑜伽部和阿底瑜伽部。首二是小乘，第三個是大乘，接下來三個是外三密，最後三個則被稱爲內三密。

二十五果法（25 Attributes of Fruition，藏文拼音 'bras chos nyer lnga）：五身、五語、五意（五智）、五德、五業。也稱爲「以無盡身、語、意、功德、事業爲莊嚴的相續」。

二資糧（Two Accumulations，藏文拼音 tshogs gnyis）：帶有概念的福德資糧以及超越概念的智慧資糧。

二障（Two Obscurations，藏文拼音 sgrib gnyis）：煩惱障與所知障。

二諦（Two Truths，藏文拼音 bden pa gnyis）：世俗諦和勝義諦，相對實相與究竟實相。世俗諦描繪出一切事物貌似眞實、表面、且有所顯現的相，勝義諦則描繪出眞正、如實且正確無誤的狀態。四部宗派和金剛乘密續以不同的方式來界定，次第進展地以更深奧、更接近如其所是的方式來描繪一切現象。

八位林巴（Eight Lingpas，藏文拼音 gling pa brgyad）：桑傑林巴（Sangye）、多傑林巴（Dorje）、仁千林巴（Rinchen）、貝瑪林巴（Padma）、惹那林巴（Ratna）、棍恭林巴（Kunkyong）、東拿林巴（Dongag）、天尼林巴（Tennyi）。

八聚，八識（Eight Collections of Consciousnesses，藏文拼音 rnam shes tshogs brgyad）：阿賴耶識、染污識（末那識）、意識、眼識、耳識、鼻識、舌識和身識。

十不善（Ten Nonvirtues，藏文拼音 mi dge ba bcu）：身的惡業是殺生、不予取（偷盜），以及邪淫。語的惡業是說虛誑語（妄語）、說離間語（兩舌）、說粗惡語（惡口）、說閒言斐語。意的惡業是懷抱著貪求、惡意與錯誤見地。

十法行（Ten Spiritual Activities，藏文拼音 chos spyod bcu）：繕寫經典、供養、施贈他人、諦聽法教、受持熟記、披讀、開演闡述、諷誦、思維與禪修法之意涵。

十善（Ten Virtues，藏文拼音 dge ba bcu）：一般而言，是禁絕前述的十不善；特別是說，要從事與十不善相反的行爲，如救度生命、慷慨布施等等。

【三劃】

三身（Three Kayas，藏文拼音 sku gsum）：法身、報身、化身。在「根」的階段，三身是體性、自性和展現。在「道」的階段，三身是樂、明、無念。在「果」的階段，三身是佛果的三身。佛果三身是：遠離造作、俱足二十一組證悟功德的法身；自性爲光且俱足各種圓滿相和隨形好的報身，只有初地以上的菩薩才得以親見；還有展現爲清淨和不清淨眾生都看得到的形象的化身。

三門（Three Doors，藏文 sgo gsum）：身、語、意，或行爲、話語和思想。

三律儀，三戒（Three Sets of Vows，藏文拼音 sdom pa gsum）：小乘的別解脫戒、大乘的菩薩學處，以及金剛乘持明者——密續修行者的三昧耶。

三昧耶（Samaya，藏文拼音 dam tshig）：金剛乘修持中的神聖誓言或誓願。三昧耶包含了，於外，要與金剛上師和法友保持和諧的關係；於內，則是不離於實修的相續。在典籍章節末尾提到的「三昧耶」字眼是一種誓戒，爲了肯定上述所說的法教是眞實不虛的。

三根本（Three Roots，藏文拼音 rtsa ba gsum）：上師、本尊與空行。上師爲加持的根本，本尊是成就的根本，空行爲事業的根本。

三殊勝（Threefold Excellence，藏文拼音 dam pa gsum）：菩提心的殊勝前行、離念的殊勝正行，以及迴向的殊勝結行，也被稱爲三善（the three excellencies）。關於詳細的解釋，請參見《再捻佛語妙花，橡樹林，二〇一二》（*Repeating the Words of the Buddha*，Rangjung Yeshe Publication）。

三摩地（Samadhi，藏文拼音 ting nge 'dzin）：保任在禪定的相續中。這是一種不散亂的專注力或禪定，在金剛乘中，可以說是生起次第或圓滿次第。

三摩地的煖相（Heat of Samadhi，藏文拼音 ting nge 'dzin gyi drod）：禪修有成或有所進展的徵象。

三藏（Tripitaka，藏文拼音 sde snod gsum）：釋迦牟尼佛的三部教法：經藏、律藏、論藏（阿毘達磨藏）。三藏的目的在於培養佛弟子的三種學處：戒、定、慧，而三學處則是爲了對治貪、瞋、癡三毒。西藏版本的三藏包含了一百多大函典籍，每一函都超過六百多頁。廣義而言，一切佛法，無論顯經或密續，都包含在經、律、論三藏和戒、定、慧三學之中。堪布拿穹在他的《龍欽心髓前行注疏》中說道：「小乘典籍的三藏，律藏、經藏和阿毘達磨藏，分別闡述了戒、定、慧三學處的意義：闡述菩薩道戒律細節的法教，屬於律藏；而這些典籍所表達的意義則即是戒學處。表述通往三摩地之途徑的佛經，便是經藏；而其所表述的意義，思維珍貴人身等等，則是定學處。闡述十六種或二十種空性的典籍，便是阿毘達磨藏，而其所表述的意義則是識別慧或分別智的學處（慧學處）。（在金剛乘的部分）闡述金剛乘三昧耶細節的典籍，即是律藏；而其所表述的意義便是戒學處。教導生起次第與圓滿次第之總要的典籍，歸屬經藏；而其所表述的意義便是三摩地的學處（定學處）。闡述大圓滿的一切典籍，屬於論藏；而其所表述的意義則是識別慧或分別智的學處（慧學處）。」

三寶（Three Jewels，藏文 dkon mchog gsum）：珍貴的佛、法、僧。蔣貢康楚在《智慧之光》（*The Light of Wisdom*，*Shambhala Publications*）中解釋道：「佛即是具有二清淨及二利圓滿的四身和五智的本性。法即是所詮，即全然清淨性的非緣起眞諦，其中包含滅諦與道諦；法也是能詮，亦即陳述與證悟兩個面向，以法教的名相、字詞和字母來呈現。僧即是『眞實僧伽』（actual Sangha），即住於諸聖地、具足智慧與解脫功德的諸佛之子；以及「似僧伽」（resembling Sangha），即資糧道和加行道僧伽，以及聖聲聞和聖緣覺。」

上師（Master，藏文拼音 bla ma）：在《本智心髓道次第》（*Lamrim Yeshe Nyingpo*）中，蓮師說：「金剛上師爲道之根基，是具備三昧耶與誓戒之清淨行持的人。圓滿的學識是他的莊嚴，透過思維而能明辨學識，透過禪修而擁有體驗與證悟的功德與表徵，並能以大悲行來攝受弟子。」簡言之，就是具有正見與純正悲心的人。

上師秘密集攝，上師秘密體現（Lama Sangdü，藏文拼音 bla ma gsang 'dus）：由最早期且最重要的伏藏師之一卻汪上師（一二一二～一二七〇）所發現的一部伏藏。其中著重的上師本源爲「妥稱匝（Tötreng Tsal）五曼達」的蓮師報身相。喇嘛桑度意指「上師秘密的總集或體現」。

上師密意集，上師證悟之體現，喇嘛恭牘（Lama Gongdü，藏文拼音 bla ma dgongs 'dus）：由桑傑．林巴（一三四〇～一三九六）所掘啓的伏藏，有十八函，每函大約有七百頁。喇嘛恭牘意指「上師證悟之體現」。

大威德，閻魔敵，能怖金剛（Yamantaka，藏文拼音 gshin rje gshed）：文殊師利菩薩的憤怒相，代表制伏死亡的智慧。在修部八教中，大威德是身部的忿怒佛尊。此名意指「死亡之主，閻羅王的消滅者」。

大乘（Mahayana，藏文拼音 theg pa chen po）：大乘和小乘的名稱，以「大、小」來分別時，大乘包含了密乘，而小乘則是指聲聞乘和獨覺乘法教。所謂的「大」和「小」，暗指願力、所運用的方便道和洞見深度的高低大小。大乘修行的核心是透過方便與智慧，也就是以悲心與對空性的洞見來解脫一切有情的菩薩戒。大乘的兩個分支即是眾所周知的唯識宗與中觀宗。蔣貢康楚在他的《遍一切智》（*All-encompassing Knowledge*）中，解釋了彌勒菩薩《大乘莊嚴經論》所說的大乘七殊勝（sevenfold greatness）：「因著眼於種種大乘教法之廣大匯集而殊勝；因具有成就自他二利之方便而殊勝；因具有了悟兩種無我的智慧而殊勝；因三大無量劫的精進努力而殊勝；因方便道而殊勝：諸如能夠不染煩惱地不捨輪迴、不染煩惱地施行身語的『七不善行』；因眞實成就佛十力、四無畏及覺者不共功德而殊勝；因任運不滅之佛事業而殊勝。」

大修法會（Drubchen Ceremony，藏文拼音 sgrub chen）：大型的修持儀式；一群人進行七天不間斷的儀軌修行。

大圓滿（Great Perfection，藏文拼音 rdzogs pa chen po，梵文拼音 mahasandhi）：寧瑪派內三密續的第三密續。大圓滿是佛陀甚深廣大的八萬四千法門的最究竟義，亦即普賢王如來的了悟。另參見「卓千大圓滿」或「阿底瑜伽」。

大圓滿最密無上部（Innermost Unexcelled Cycle of The Great Perfection，藏文拼音 rdzogs pa chen po yang gsang bla na med pa'i skor）。

大瑜伽部（Mahayoga，藏文拼音 rnal 'byor chen po）：內三密續的第一個。典籍將大瑜伽部分爲兩個部分：密續部和儀軌部。密續部包含了十八部大瑜伽密續，而儀軌部則有八部儀軌法教。偉大的蔣貢康楚在他的《知識寶藏》中提到：「大瑜伽部著重方便、生起次第，而見地則是：解脫的證得是因爲逐漸熟習於『無上二諦無二無別的本性』的洞見。」大瑜伽部的無上二諦是清淨性和平等性，也就是說，五蘊、四大和五根的清淨性，即是五方佛和佛母與菩薩眷眾；同時，所顯現或存在的一切皆是空性的平等性。

大寶伏藏（Rinchen Tsrdzö，The Great Treasury of Precious Termas，藏文拼音 rin chen gter mdzod）：蓮師、無垢友、毗盧遮納和其最親近弟子的最重要伏藏集錄，由蔣貢康楚羅卓泰耶在蔣揚欽哲旺波的協助下彙編而成。由尊貴的頂果欽哲仁波切在印度新德里出版，共六十三函，加上其他幾函伏藏法和釋論。第十五世噶瑪巴卡恰多傑（Khakyab Dorje）曾描述：「《大寶伏藏》是善逝（佛）如海法教的精髓，是舊譯教派的深奧持明寶藏。」

小乘（Hinayana，藏文拼音 theg pa dman pa）：著重於思維四聖諦和十二緣起的乘別，十二緣起的修持能使行者解脫輪迴。若是以「較低階」的意義來說，小乘的心態指的是一種較狹隘的心靈修道，只追求個人的解脫，而非一切有情眾生的證悟。

【四劃】

中脈（Central Channel，藏文拼音 dbu ma，梵文拼音 avadhuti）：身體中央的微細脈，從脊椎底端延伸到頭頂。

中陰（Bardo，藏文拼音 bar do，梵文拼音 antarabhava）：過渡狀態、中際。通常是指死亡與再次投生之間的一段時間。有關四種中陰的細節，請見 Rangjung Yeshe Publication 出版的《正念之鏡》（*Mirror of*

Mindfulness）以及《中陰指引：修習四中陰法教的訣竅，橡樹林，二〇一九》（*Bardo Guidebook*）。

五位如王伏藏師（Five King-Like Tertöns，藏文拼音 gter ston rgyal po lnga）：五位伏藏王的列名，包含娘·讓·尼瑪·沃瑟（一一二四～一一九二）、卻吉·汪秋上師（一二一二～一二七〇）、多傑·林巴（一三四六～一四〇五）、貝瑪·林巴（一四四五／五〇～一五二一），以及（貝瑪·沃瑟）東拿·林巴（蔣揚·欽哲·旺波）（一八二〇～一八九二）。有時，此列名中還包括偉大的伏藏師仁增·果登（一三三七～一四〇八）。

五毒（Five Poisons，藏文拼音 dug lnga）：貪、瞋、癡、慢、嫉。

五道（Five Paths，藏文拼音 lam lnga）：通往證悟或正覺之途的五條修道或五種次第，亦即：資糧道、加行道、見道、修道，以及無學道或無修道。

仁增·果登（Rigdzin Gödem，藏文拼音 rig 'dzin rgod kyi ldem phru can）：又名歐竹·嘉謙（Ngödrub Gyaltsen），意譯爲「成就勝幢」，藏文拼音爲 dngos grub rgyal mtshan（一三三七～一四〇八）。他是北伏藏傳承的偉大伏藏師。在他的伏藏中有大圓滿教法《自生自顯之本淨》（*Kadag Rangjung Rangshar*），以及較著名的《直示密意》。十二歲時，他的頭上長出了三根禿鷹羽毛，二十四歲時又多了五根，七十一歲時，於不可思議的徵相中圓寂。仁增果登的字義爲「鷹毛持明者」。

仁增·果齊·登楚·堅（Rigdzin Gökyi Demtru Chen，藏文拼音 rig 'dzin rgod kyi ldem phru can）：即仁增·果登。

六度，六波羅蜜多（Six Paramitas，藏文拼音 phar phyin drug）：布施、持戒、忍辱、精進、禪定和般若智慧，六種勝行。

六界限（Six Limits，藏文拼音 mtha' drug）：不了義、了義、間接顯義、直接意趣、文從義順、文義不一等六種見地；再加上四相或四性（four modes），便成了開啓密續意義不可或缺的鑰匙。

六神通（Six Superknowledges，藏文拼音 mngon par shes pa drug）：能施展神境通、天眼通、天耳通、宿命通、他心通、漏盡通的能力。

六道衆生（Six Classes of Beings，藏文拼音 'gro ba rigs drug）：天人、阿修羅、人道、畜生道、餓鬼道、地獄道眾生。

化身（Nirmanakaya，藏文拼音 sprul sku）：化現之身，幻變的形象，是佛三身的第三個。證悟或正覺的這個面向能被凡夫所見。

天母，天女（Mamo，藏文拼音 ma mo）：爲世間天女或天母（Mundane Mother Deities）的縮寫，是八部儀軌法教之一。由法界中示現出女性神祇，但透過世俗世界和我們體內的氣、脈、明點之間的聯繫關係，祂們以符合世間顯相的方式展現而出；祂們具有究竟和相對兩種面向。這個曼達壇城的主尊是切秋黑魯嘎（Chemchok Heruka），是普賢王如來的憤怒尊，這個形象就是眾所周知溫作嘉波（Ngöndzok Gyalpo）。

《巴切．昆賽爾》，《遣除障礙者》（*Barchey Künsel*，藏文拼音 bar chad kun sel）：請見「修心：盡除障礙

者」的詳細說明。

巴地的伊喜·楊（Yeshe Yang of Ba，藏文拼音 sba ye shes dbyangs）：蓮師授記的一位譯師，是記錄蓮師伏藏法的主要抄寫者，他是一位成就的瑜伽士，能像飛鳥般飛行到諸淨土。也被稱為阿薩惹·伊喜·楊（Atsara Yeshe Yang）。伊喜·楊意指「妙音智慧」。

心咒（Essence Mantra，藏文拼音 snying po'i sngags）：本尊咒語的簡短形式，相對於較長的陀羅尼咒語，例如「嗡嘛呢唄美吽」。

心的無生本質（Nonarising Nature of Mind，藏文拼音 sems nyid skye ba med pa）：在勝義諦層面，一切現象都沒有獨立、固實的本體，因此並無一個有著諸如生、住、滅等特性的基礎；生、住、滅，換言之即是形成、在時間與空間中持續，以及中止存在。

心意伏藏（Mind Terma，藏文拼音 dgongs gter）：偉大上師直接於其心間取出的教法，無須實體物質所成的一種伏藏。以這種方式所取出的教法，是在這位大師曾為蓮花生弟子的某個前世時，被植入「不壞之界」（indestructible sphere）中。

心滴，心髓，寧體（Heart Essence，藏文拼音 snying thig）：一般而言，這個辭彙等同口訣部（Instruction Section），也就是大圓滿三支當中的第三個。特別而言，它指的是最密無上部心滴（yang gsang bla na med pa'i snying thig gi skor），按照師利·星哈的分類，為口訣部四支分當中的第四個。最密無上的所有傳承都透過師利·星哈流傳而下，並透過他的親近弟子蓮花生與無垢友在西藏薪火相傳。十四世紀時，這兩支傳承傳到了第三世噶瑪巴讓炯・多傑，及其親近的法友龍欽・饒絳（一三〇八～一三六三），後者在他廣大的作品中將這些法教加以系統化。心髓教法也曾出現在許多其他傳授方式中，舉例而言，每位大伏藏師都掘取出一部獨立的大圓滿口訣法系。極密心滴的修持一直延續到今日。

方便（梵文拼音 Upaya，藏文拼音 thabs）：參見「方便與智慧」。

方便與智慧（Means and Knowledge，藏文拼音 thabs dang shes rab，梵文拼音 prajna and upaya）：佛果是透過方便與智慧雙運相融而得成；大乘的說法則是說透過悲心與空性、或透過世俗菩提心與勝義菩提心而得成。金剛乘的方便與智慧指的是生起次第與圓滿次第。根據噶舉派（的說法），方便特別指的是「方便道」，即那洛六法；而智慧指的則是「解脫道」，即大手印的實修。根據大圓滿，「智慧」是本淨的見地，亦即在當下了悟證悟心的立斷修持；而「方便」則是任運現前的禪修，亦即能使垢染和執著耗盡的頓超修持，透過這樣的修持，便可一生證得虹光身。

比丘（Bhikshu，藏文拼音 dge slong）：爲了從輪迴中解脫，出離世間生活，受戒遵循二百五十三條具足比丘戒的行者。

父續（Father Tantra，藏文拼音 pha rgyud）：阿努瑜伽的三個部分之一，著重於生起次第。

【五劃】

世間八風，世間八法（Eight Worldly Concerns，藏文拼音 'jig rten chos brgyad）：對於得利、快樂、稱讚與

聲譽的戀執，以及對損失、痛苦、責難和壞名聲的厭惡。

卡千的佩吉・旺秋（Palgyi Wangchuk of Kharchen，藏文拼音 mkhar chen dpal gyi dbang phyug）：《蓮師傳》中記載，他是伊喜・措嘉的父皇，其他記載也有認爲他是措嘉佛母的弟兄。透過普巴金剛的修持，他得到了大成就。佩吉旺秋的字義爲「尊勝榮耀的君王」。

（四）處（Perception-Sphere，藏文拼音 skye mched）：一種禪定境界，有可能持續許多劫。另參見「無色界」的說明。

四相，四性（Four Modes，藏文拼音 tshul bzhi）：意義的四種層次，即：字面意義、一般意義、隱藏意義，以及究竟意義。

四根本，四根本戒（Four Root Precepts，藏文拼音 rtsa ba bzhi）：不殺生、不偷盜、不妄語、不邪淫。

四部心髓，四部心滴（Nyingtig Yabzhi，藏文拼音 snying thig ya bzhi）：最聞名的大圓滿經典的集錄之一。無垢友尊者結合了最密無上部（Innermost Unexcelled Section）的兩個部分——透過經典的教理傳承，以及不透過經典的口耳傳承，並將之埋藏爲伏藏，待後人將此《毗瑪心髓》（*Vima Nyingtig*），即《無垢友秘密心要》（*Secret Heart Essence of Vimalamitra*，藏文拼音 bi ma'i gsang ba snying thig）取出。龍欽巴曾在其《上師精髓》（*Lama Yangtig*）五十一部當中闡明上述法教。蓮師則將他的法教埋藏爲最密無上系列（Innermost Unexcelled Cycle），待後人將此名爲《康卓寧體》（*Khandro Nyingtig*），即《空行心髓》（*the Heart Essence of the Dakinis*）的教法取出。龍欽巴也在他的《空行精髓》（*Khandro Yangtig*）中闡明了這些教法。以上四部非凡殊勝的大圓滿教法，連同龍欽巴另一教法《甚深精髓》（*Zabmo Yangtig*），皆收錄於他的《四部心髓》的集錄中。

四無色定（Four Formless States of Serenity，藏文拼音 gzugs med kyi snyoms 'jug bzhi）：參見「無色界」。

四種定靜慮，等至的四禪境界（Four Dhyana States of Serenity，藏文拼音 snyoms 'jug gi bsam gtan bzhi）：初禪是兼具概念與識別的狀態；二禪是無概念但有識別的狀態；三禪是無喜但有樂的狀態；四禪是等持靜慮（equanimity）的狀態。

布湯的解脫寺，布湯的大爾帕寺（Tarpaling In Bumtang，藏文拼音 'bum thang thar pa gling）：在不丹東邊的一座寺廟，由龍欽．饒絳創建。

本初智慧，俱生智（Wisdom，藏文拼音 ye shes）：本書中，這個辭彙大部分被譯爲「本初覺性」（original wakefulness）。有五種智慧，亦即佛性的認知特質如何作用的五個面向：法界體性智、大圓鏡智、平等性智、妙觀察智與成所作智。

本尊（Yidam，藏文拼音 yi dam）：個人修持的本尊和三根本中的成就根本。本尊是行者的守護尊，護衛行者修持的護法神，也是證悟的嚮導。傳統上，本尊修持是前行完成後所作的正行修持，其中包含生起次第和圓滿次第，是趨入或契入大手印和大圓滿更微細修持的踏腳石或橋樑。在這之後，本尊修持便會是這些微細修持見地的圓滿增上修持。

本覺、本初覺性（Original Wakefulness，藏文拼音 ye shes）：通常被翻譯爲「本初智慧」，有別於心智造作的基本認知理解。

母續（Mother Tantra，藏文拼音 ma rgyud）：無上瑜伽密續的三個面向之一，著重於圓滿次第或智慧，有時也等同於阿努瑜伽。

永寧地母十二尊（Tenma Goddesses or Twelve Tenma Goddesses，藏文拼音 brtan ma bcu gnyis）：寧瑪派中極爲重要的女性護法神，半爲世間護法，半爲智慧護法。

甘露（Amrita，藏文拼音 bdud rtsi）：亦即〈甘露功德〉（Nectar Quality），修部八教中的寶部嘿魯嘎（heruka of the ratna family），以及與此本尊相關的密續教法。

甘露與血（Amrita and Rakta，藏文拼音 sman rak）：金剛乘儀軌中，用於壇城上的兩種加持過的物質。

生起次第（Development Stage，藏文拼音 bskyed rim）：參見「生起與圓滿」。

生起與圓滿（Development and Completion，藏文拼音 bskyed rdzogs）：金剛乘修持的「方便與智慧」兩種修持。簡單來說，生起次第指的是善的心智造作，而圓滿次第則是安住在自心無造作的狀態中。生起次第的精髓在於「淨觀」或「聖觀」，意指將色相、聲音和念頭視爲本尊、咒語和智慧。「具相圓滿次第」意指諸如拙火瑜伽修行，「無相圓滿次第」則是大圓滿與大手印的修持。

【六劃】

伊喜・措嘉（Yeshe Tsogyal，藏文拼音 ye shes mtsho rgyal）：不同版本的傳記中，詳細記載了佛母的出生地、雙親的姓名等等。札西托嘉上師（Guru Tashi Tobgyal）在他所著作的《悅大士之妙言海》（*Ocean of Wondrous Sayings to Delight the Learned Ones*）中提到，佛母的父親是卡千族的南卡伊喜（Namkha Yeshe），佛母則出生在扎地的重摩切（Drongmochey of Drak）。她原是赤松德貞國王的王妃之一，但後來被供養給蓮師成爲明妃。在《善逝總集》的灌頂期間，她的受灌花朵落在普巴金剛的曼達壇城上；透過這個修持，她得到了降服鬼魔的能力，亦能令亡者復活。偉大蓮師所開示的一切不可思議法教，都由她所彙編集結。她在西藏活了兩百年，後來直接以肉身前往尊勝銅色山鳥金淨土。蔣貢康楚在《琉璃青石寶鬘》中提到：「伊喜．措嘉佛母是女性佛虛空法界自在母、金剛瑜伽女化爲人類女身。她當生圓滿承事蓮師，並以不可思議的堅毅做修持，證得了與蓮師同等的果位，也就是『飾以永不耗竭之身、語、意、功德與事業的相續』。她對西藏的恩德大得難以想像，而她與蓮師無二無別的悲心事業至今仍相續不斷。」伊喜．措嘉意指「尊勝智慧海」。

伏藏（Terma，藏文拼音 gter ma）：(1)埋藏起來的封印法教的傳遞，主要是蓮師和伊喜．措嘉佛母爲了利益未來的弟子埋藏了一些法教，讓這些法教能在適當的時機，由伏藏師取出。伏藏傳承是寧瑪派兩大傳承中的其中一個；另一個是教傳承（Kama），這個傳承據說在佛陀的律典消失很久之後仍會有傳續。(2)各類伏藏物，包含典籍、儀軌物品、舍利和自然加持物。

伏藏師（Tertön，藏文 gter ston）：取出由蓮師和伊喜．措嘉佛母埋藏的伏藏物的人。

吉祥密集，吉祥密集續（Shri Guhyasamaja，藏文拼音 dpal gsang ba 'dus pa）：字面上的意義是「秘密的攝集」，爲新譯教派主要的密續與本尊之一。

因乘與果乘（Causal and Resultant Vehicles，藏文拼音 rgyu dang 'bras bu'i theg pa）：因乘：小乘和大乘教法認爲修持之道是獲得解脫與證悟之果的成因。果乘：認爲佛果本自存在，而修道則是揭顯此根本境界的行持，是以果位爲道的金剛乘系統。偉大的上師龍欽巴對此兩者的定義如下：「之所以稱爲因乘，是因爲接受因果依序而存，主張佛果是透過二資糧之緣境，使得僅如種子之佛性的種種功德逐漸增長，而後達致果位。之所以稱爲果乘，是因爲主張所淨治的基礎即是具有種種功德的佛性，這些功德有如天賦資財一般，本就存於有情眾生之內，猶如太陽本就具有燦爛的光芒一樣；所淨治的對境即是八聚（八識）的暫時垢染，猶如天空（暫時）被烏雲所覆蓋一般；行者可藉由淨治法門，亦即能使行者成熟與解脫的種種修道，來了悟這個淨化之果——本自存在的本初境界。除此之外，兩者在果位或功德上並無差別。」

地（Bhumi，藏文拼音 sa）：菩薩的位階。菩薩追求完全圓滿的證悟時，所經歷的十個位階，亦稱爲「十地」。十地相應於大乘五道中的後三道。參見「十地」。

地伏藏（Earth Terma，藏文拼音 sa gter）：物質性物體的伏藏，通常是空行母的手跡書寫、或是金剛杵、或一座雕像等物質形式。亦可參見「心意伏藏」。

成就（Accomplishment，藏文拼音 dngos grub，梵文拼音 siddhi）：(1) 由佛法修持而產生的成就，通常指圓滿證悟的「無上成就」或「不共成就」。但亦可指「共通成就」，也就是八種世俗成就，諸如天眼通、天耳通、空中飛行、隱形、青春不老、轉化力等等。然而，修道上最卓越殊勝的成就卻是：出離心、大悲心、不變的信心和正見的了悟。參見「無上及共通成就」。(2)修行（sgrub pa）：參見「近修，念修」。

成就法，儀軌（Sadhana，藏文拼音 sgrub thabs）：密續修持的儀軌或程序，通常著重在生起次第上。典型的儀軌結構包含了皈依發菩提心的前行、觀想佛本尊和唸誦咒語的正行，以及功德迴向一切有情眾生的結行。

成熟解脫（Ripening and Liberation，藏文拼音 smin grol）：金剛乘修持最重要的兩個部分：能使行者心流成熟，以具足根器了悟佛四身；另一是解脫的口訣教授，能使行者得以實修灌頂時引見的洞見。

有漏善（Conditioned Virtue，藏文拼音 zag bcas kyi dge ba）：運用了二元性參照點的心靈修持，其中包括了各種前行、七支供養等等修持。無漏善則是認證了佛性，通常稱之爲「三清淨」（threefold purity）。這種善德能積聚二資糧、去除二障、示現二智，並體現二身。

朵瑪，食子（Torma，藏文拼音 gtor ma）：密續儀式中的一種用品，也可以在供養護法神或不幸鬼魔眾用來當作食供。

死神，閻魔獄主（Dharmaraja，The Lord Of Death，藏文拼音 gshin rje chos rgyal）：我們必死的命運；無常的一種擬人化體現，以及因果不爽的法則。

百字明咒（Hundred Syllable Mantra，藏文拼音 yig brgya）：金剛薩埵的咒語，由一百個音節所構成。

耳傳派（Hearing Lineage，藏文拼音 nyan brgyud）：由上師口傳教法給弟子傳承，不同於文字傳授的經典傳承，耳傳派著重於口訣的關鍵心要，而非繁複的哲學系統的學習。

自生自顯本淨，卡達·讓炯·讓霞（Kadag Rangjung Rangshar，藏文拼音 ka dag rang byung rang shar）：《直示密意》五大卷之一的標題。卡達·讓炯·讓霞的字義為「本自存在又本自呈現的本初清淨」或「自生自顯的本初清淨」。

自性（Self-Entity，藏文拼音 rang bzhin）：自我或是現象固有實存且獨立的實體。

自性（Self-Nature，藏文拼音為 rang bzhin）：參見「自性」（Self-Entity）的說明。

自性身，體性身（Essence Kaya，藏文拼音 ngo bo nyid kyi sku，梵文拼音 svabhavikakaya）：此「自性身」有時被算為第四身，是三身的合一。蔣貢康楚將自性身界定為法身的部分，即萬法的本性，無有一切戲論的空性，並具有自性清淨的特質。

自顯現、心中現起的影像、個人體驗（Rangnang / Personal Experience，藏文拼音 rang snang）：以夢境體驗為例，有時這個辭彙被譯為「個人自身的投射」（one's own projection）或是「自展現」（self-display）。

色界（Realms of Form，藏文拼音 gzugs khams）：存於輪迴中的十七個天界，其中包含四禪天各自有三層，再加上五個淨居天。介於欲界和無色界之間，是輪迴中較微妙神聖的境界，此處嗅覺、味覺與性器官是不存在的。那裡的眾生擁有光身、長壽，而且沒有痛苦的感受；有害的心所諸如執著等，是不會生起的。

西方淨土，無量光佛刹土，阿彌陀佛淨土（Sukhavati，藏文拼音 bde ba can）：參見「極樂世界」。

【七劃】

佛果（Buddhahood，藏文拼音 sangs rgyas）：不住輪迴或涅槃的圓滿證悟；已斷除一切覆障，具足了如實見到萬法本性的智慧（如所有智）、以及遍及一切處的智慧（盡所有智）。

克華·沛采（Kawa Paltsek，藏文拼音 ska ba dpal brtsegs）：蓮師與寂護的親近弟子，對西藏的三藏典籍和寧瑪舊續的翻譯卓有貢獻。誕生於潘谷。相應於蓮師的預言授記，他後來成了一位重要的譯師，也是寂護大師授予具足比丘戒的首批七位西藏僧人其中之一。他在蓮師座下領受了金剛乘教法，並證得了無礙的天眼通。克華本爲地名，沛采意指「威德山」。

別名拿旺·巴桑的堪布拿窮（Khenpo Ngakchung Alias Ngawang Palsang，藏文拼音 mkhan po ngag dbang dpal bzang）：（一八七九~一九四一）。卡托（Katok）的一位堪布，是闡釋大圓滿典籍的學院傳承中極重要的振興者，被認爲是無垢友與龍欽巴兩者的轉世化身。夏札·桑吉·多傑（Chadral Sangye Dorje）是他仍在世的學生之一（編注：已於二〇一五年圓寂）。

努地的南開寧波（Namkhai Nyingpo of Nub，藏文拼音 gnubs nam mkha'I snying po）：誕生於下娘地區，是首批領受具足戒的西藏人之一，也是出色的譯師。他行腳至印度，領受雄嘎拉（Hungkara）的傳授，證得無二智身。南開寧波也是蓮師二十五位親近弟子之一，領受了清淨心的傳授之後，得到了乘陽光飛行的能力。他在羅札卡珠的耀光長洞（Splendid Long Cave of Kharchu at Lhodrak），於禪定中觀到不同本尊，並證得了大手印持明的果位。最後他以肉身離開人世，到達淨土。南開寧波的字義是「虛空心髓」。

努地的桑傑．伊喜（Sangye Yeshe of Nub，藏文拼音 gnubs sangs rgyas ye shes）：蓮師主要的二十五位弟子之一，也是阿努瑜伽部教法和大瑜伽部大威德金剛密續的主要領受者。除了蓮師以外，他的其他老師分別是：印度的札通．拿波（Traktung Nagpo）和確吉．恭、尼泊爾的寶源（Vasudhara），以及德魯轄國的伽增．克（Chetsen Kye from Drusha）。他曾前往印度和尼泊爾多次。邪惡的朗達瑪國王試圖毀滅西藏的佛教時，桑傑．伊喜以右手打手印，幻變出犛牛大小的巨大蠍子共九隻，把國王嚇得心驚膽顫失去勇氣，因而無法毀滅金剛乘僧團。祖古烏金仁波切被認爲是他的化身之一。桑傑伊喜的字義是「佛智」。

妙拂州吉祥山/銅色吉祥山（Glorious Mountain in Chamara / Glorious Copper Colored Mountain）：蓮師的人間淨土，位於瞻部洲東南方的妙拂洲。妙拂洲位於一片九座島嶼地形的中央，其中居住著各種凶惡的羅剎，中央有一座高聳入天的銅色山，山頂座落著由本覺力用所化現的蓮華光明宮。在輪迴空盡之前，蓮師都會以超越生死的無滅身相住於此地；透過蓮師身、語、意的神變化現，不間斷地帶來眾生的利益。

戒律，誓戒（Vows and Precepts，藏文拼音 bslab sdom）：參見「三律儀，三戒」。

更高的洞察力，神通，通慧（Higher Perceptions，藏文拼音 mngon par shes pa）：請參見「神通」。

沙門（Shramana，藏文拼音 dge sbyong）：修善的行者，通常是指禁慾苦修僧或僧人。

見修行果（View, Meditation, Conduct and Fruition，藏文拼音 lta ba sgom pa spyod pa 'bras bu）：(1)哲學見地；(2)熟習見地的行動，一般是指上座禪修；(3)將禪修所得洞見運用在日常生活中；(4)由上述訓練而來的結果。九乘次第的每一乘對見修行果有其自宗的定義。

見道（Path of Seeing，藏文拼音 mthong lam）：五道中的第三道，初地的成就，從輪迴中解脫和證悟實相的眞諦。

貝瑪·列哲·采（Pema Ledrel Tsal，藏文拼音 padma las 'brel rtsal，一二九一～一三一五）：赤松德眞國王的女兒貝瑪·索的轉世化身，是取出蓮師大圓滿教法《空行心髓》的伏藏師。他的下一世投生便是龍欽巴。貝瑪·列哲·采的字義爲「蓮花業緣力」。

貝瑪·索，公主（Pema Sal, Princess，藏文拼音 lha lcam padma sal）：赤松德眞國王的女兒，蓮師將他自己名爲《空行心髓》的大圓滿教法傳承託囑給她。公主幼年即夭折，在她死後，蓮師召喚她，不可思議地讓她起死回生。她的父親問說，何以擁有大福德的人，既生爲公主又成爲蓮花生大師的弟子，卻必須年幼早夭？蓮師便說了一個故事：在博達那佛塔完成期間，她曾是一隻蜜蜂，螫了（蓋佛塔的）四位兄弟當中的一位。貝瑪索的字義爲「亮麗的蓮花」。

貝瑪·噶旺·羅卓·泰耶（Padma Garwang Lodrö Thaye，藏文拼音 padma gar dbang blo gros mtha' yas）：

蔣貢康楚的別名。貝瑪．噶旺的字義為「蓮花舞蹈王」，而羅卓．泰耶則意指「無邊的智慧」。

赤松德真（Trisong Deutsen，藏文拼音 khri srong de'u btsan，七九〇～八四四）：西藏第二位偉大的國王，他迎請了蓮師、寂護大師、無垢友尊者以及勝友施戒和答納西拉（Danashila，他是一位班智達）等許多其他佛法導師。蔣貢康楚在《琉璃青石寶鬘》中提到，赤松德真生於水馬年（八〇二）第三個月的春季。其他文獻也記載了先王駕崩那一年，由他登基成王。十七歲之前，他主要都過著統治王國的生活，後來仿歐丹塔菩黎寺建造了偉大的桑耶寺和法教中心，立佛教為國教；在他統治期間，第一批西藏人受戒成為僧人。他並安排班智達與譯師翻譯無數神聖的經典，也成立了無數法教與修持機構。之後的轉世化身有娘．讓．尼瑪．沃瑟（一一二四～一一九二）、卻汪上師（一二一二～一二七〇）、吉美．林巴（一七二九～一七九八），以及蔣揚．欽哲．旺波（一八二〇～一八九二）。

身（Kayas，藏文拼音 sku）：具有諸多功德特質的化身或體現之身。論及二身時，指的是法身與色身；三身則是法身、報身與化身。另參見「三身」。

【八劃】

事部瑜伽密續（Kriya Yoga，藏文拼音 bya ba'i mal 'byor）：外三密續中的第一個，著重於淨治和淨化的行持。事部密續的典籍首先出現在印度的瓦納拉西。

固有本性，俱生本性，法性（Innate Nature，藏文拼音 chos nyid）：參見「法性」。

宗薩・欽哲・卻吉・羅卓（Dzongsar Khyentse Chökyi Lodrö，藏文拼音 rdzong gsar mkhyen brtse chos kyi blo gros）：蔣揚・欽哲・旺波五位轉世化身之一，是支持利美（不分教派）傳統的偉大上師，也是頂果欽哲法王兩位根本上師當中的一位。他的三位轉世化身目前分別住在喜馬契普里德希省（Himachal Pradesh）的比爾（Bir）、法國的多爾多涅（Dordogne），以及尼泊爾的博達那。「宗薩」意指「新城堡」，「欽哲」意指「慈愛的智慧」，「卻吉・羅卓」意指「佛法的智慧」。

性相乘（Philosophical Vehicles，藏文拼音 mtshan nyid kyi theg pa）：代表小乘與大乘的一種集合性名稱，包括了聲聞、緣覺，以及菩薩三乘。

所知障（Cognitive Obscuration，藏文拼音 shes bya'i sgrib pa）：對主體、客體和行動之概念有所執著的微細覆障。在識出自心本性的那一刻，所知障暫時會被淨化，究竟的淨化則要透過十地將圓滿時的金剛喻定（vajra-like samadhi）。

拉絨的佩吉・多傑（旺秋），別名拉絨・佩吉・多傑（Palgyi Dorje (Wanchuk) of Lhalung alias Lhalung Palgyi Dorje，藏文拼音 lha lung dpal gyi rdo rje）：誕生於上重地區（Upper Drom），原本是邊界守衛，生起出離心之後，與兩個兄弟在無垢友尊者座下領受了出家戒，後來並從蓮師處領受了菩薩戒，以及金剛乘的灌頂和口訣教授。他在慈地的白峽谷和耶巴禪修，獲得了修行成就，能穿牆入壁。多年之後，他刺殺了邪惡的朗達瑪王。佩吉多傑的字義是威德金剛。

拉蓀的嘉華蔣秋（Gyalwa Jangchub Of Lasum，藏文拼音 la gsum rgyal ba byang chub）：在寂護座下領受

具足戒成為僧人的最初七位西藏賢士之一，極具才智，參訪過印度多次，而且翻譯了許多聖典。他也是蓮師的親近弟子，獲得了大成就且能飛梭於天空。位於康區的大白玉寺的創立者仁增·崑桑·雪樂（Rigdzin Kunzang Sherab），被認為是他的轉世化身。嘉華蔣秋意指「勝利的正覺」。

明（Clarity，藏文拼音 gsal ba）：參見「樂、明、無念」。

明光（Luminosity，藏文拼音 'od gsal）：字面意義為「遠離無知的黑暗，具足覺知的能力」。此二面向即是「空與明」或「明空不二」，猶如清澈開闊的天空，是自心本性的認知特質，也是「示現明光」，諸如五色光與其他形象等等。明光是存於輪迴涅槃萬法中的非和合本性。

果（Fruition，藏文拼音 'bras bu）：成果，通常是指心靈之道的終站，是聲聞、獨覺和菩薩三種層次之證悟其中之一。以大乘而言，是全然且圓滿的佛果；以金剛乘而言，是「持金剛者的統合一體」，本書就「二十五果法」來作表述。亦可參見「見修行果」。

果乘（Resultant Vahicles，藏文拼音 'bras bu'i theg pa）：等同金剛乘。細節另參見「因乘與果乘」。

波羅蜜多、**到彼岸**、**度**（Paramita，藏文拼音 pha rol tu phyin pa）：「波羅蜜多」的字義是「到達彼岸」。明確來說，其意義是超越了主體、客體與行動（能者、所者、所作之事）的概念。波羅蜜多乘（The Paramita vehicle，藏文拼音 phar phyin gyi theg pa）則是依據般若波羅蜜多經典，透過五道與十地的大乘次第修道的體系。參見「六波羅蜜多」的說明。

法身（Dharmakaya，藏文拼音 chos sku）：佛三身的第一個，遠離所有造作，猶如虛空；證悟功德之

「身」。應依根、道、果的不同脈絡來了解其義。

法性（Dharmata，藏文拼音 chos nyid）：現象與心的固有本質。

法界（Dharmadhatu，藏文拼音 chos kyi dbyings）：「現象界」，空性和緣起無二無別的眞如，指超越生住滅的自心和現象的本性。

法輪（Wheel of the Dharma，藏文拼音 chos kyi 'khor lo）：「轉法輪」是「給予開示」的一種詩意的形容。更明確地說，就是佛陀所給予的系列教法，共有三轉法輪，是釋迦牟尼佛一生中所開示的法教。

直示密意，鞏巴．桑投（Gongpa Sangtal，藏文拼音 dgongs pa zang thal）：一部五函的密續典籍，爲蓮師所埋藏，由創立寧瑪派北伏藏傳承的大師仁增．果登掘取而出，其中包含著名的「普賢王如來祈願文」。鞏巴．桑投意指「密意無遮隱」或「直接顯示密意」，爲「直示普賢如來的密意」（藏文拼音爲 kun tu bzang po'i dgongs pa zang thal du bstan pa）的縮寫。

直指口訣（Pointing-Out Instruction，藏文拼音 ngo sprod）：直指心性的口訣教授。能給予這種直指口訣的是根本上師，能使弟子認出自心本性。

空行心滴，空行心髓，康卓寧體（Khandro Nyingtig，藏文拼音 mkha' lgro snying thig）：意指「空行母之心髓或心要」，是經由蓮師傳授給貝瑪．索公主的甚深大圓滿教法集錄，包含於著名的《四部心髓》（*Nyingtig Yabshi*）之中。

空行母（Dakini，藏文拼音 mkha' 'gro ma）：(1) 實現、執行佛事業的靈界聖眾，是能守護、承事佛法教義和行者的女性密續本尊，也是「三根本」之一。(2)金剛乘的女性證悟行者。

空行法教（Dakini Teachings）：《空行法教：蓮師親授空行母伊喜・措嘉之教言合集》（英文版由香巴拉出版社發行，中文版由橡樹林文化出版）。偉大上師蓮花生的建言合集，取自娘・讓、桑傑・林巴，以及多傑・林巴所掘出的伏藏。其中涵括皈依、菩薩戒、金剛上師、本尊修持、閉關，以及果之功德等主題。

《初十修行八品》（*Tenth Day Practice In Eight Chapters*，藏文拼音 tshe bcu le'u brgyad pa）。

近修，念修（Approach and Accomplishment，藏文拼音 bsnyen sgrub）：儀軌修持的兩部分，以大瑜伽部密續來說，特別是指唸誦次第的階段。

金剛手菩薩（Vajrapani，藏文拼音 phyag na rdo rje）：八大菩薩之一，也是金剛乘法教的彙編者。亦被稱為「秘密王」（Lord of Secrets）。

金剛地獄（Vajra Hell，藏文拼音 rdo rje'i myal ba）：有著無盡苦痛的最低一層地獄。

金剛身（Vajra Body，藏文拼音 rdo rje'i lus / sku）：此處指的是人身，其微細脈與金剛杵的結構相似。

金剛身（Vajrakaya，藏文拼音 rdo rje' i sku）：佛性的不變功德，有時也會被歸納在佛五身之中。

金剛持、金剛總持（Vajradhara，藏文拼音 rdo rje 'chang）：亦即持金剛。新譯教派（噶舉、格魯、薩迦）所說的法身佛，也可意指金剛乘行者的上師，或是總攝一切的佛性。

金剛界曼達壇城（Vajradhatu Mandala，藏文拼音 rdo rje dbyings kyi dkyil 'khor）：大瑜伽部的一個重要儀

軌，其中包含四十二個寂靜本尊。

金剛乘（Vajrayana，藏文拼音 rdo rje theg pa）：「金剛車乘」。以果位爲道用的修持，等同於「密咒」。

金剛座（Vajra Seat，藏文拼音 rdo rje gdan，梵文拼音 vajrasana）。釋迦牟尼佛在印度菩提迦耶的一棵菩提樹下，獲得正覺的金剛法座。

金剛頂顱鬘（Vajra Tötreng，藏文拼音 rdo rje thod phreng）：蓮花生大師的名號之一。

阿努瑜伽部、隨類瑜伽（Anu Yoga，藏文拼音 rjes su mal 'byor）：大瑜伽部、阿努瑜伽部與阿底瑜伽部，此內三密續中的第二個。著重智慧多於方便、圓滿次第多於生起次第。阿努瑜伽的見地：由於逐漸嫻熟於洞悉、契入「虛空與智慧的無二元本性」，行者便能達到解脫。阿努瑜伽的壇城被認爲含攝於金剛身之中。阿努意指「隨後的」。

阿底瑜伽（Ati Yoga，藏文拼音 shin tu mal 'byor）：內三密續的第三個。根據第一世蔣貢康楚所說，阿底瑜伽著重的見地是，由於逐漸嫻熟於洞悉、契入本初智的本性，遠離了取捨、希懼，行者便能達到解脫。阿底瑜伽現今另一較爲普遍的名稱爲「卓千大圓滿」。阿底意指「至高無上」。

阿毘達磨對法論（Abhidharma，藏文拼音 chos mngon pa）：三藏之一，佛陀之言教。純粹哲學或形而上學的系統化法教，主要重點是以分析經驗之元素和探究存在物質之本質來開發分別智。

阿毘達磨藏、對法藏（Abhidharma Pitaka，藏文拼音 chos mngon pa'i sde snod）：「阿毘達磨教法集錄」。請參「三藏」的說明。

阿賴耶（All-Ground，藏文拼音 kun gzhi，梵文拼音 alaya）：字面意義爲「萬物的基礎」，是心以及清淨與不淨現象的基礎。這個字在不同脈絡中有著不同的意義，應依脈絡的不同來理解其義。有時它是佛性或是法身的同義字；認證了佛性或法身，此即一切清淨現象的基礎。另外，以「阿賴耶的無明分」的狀態而言，它意指二元心的中性狀態，尚未被本覺所懷擁，因而是輪迴體驗的基礎。

阿賴耶無明分（Ignorant All-Ground / Ignorant Aspect Of The All-Ground，藏文拼音 kun gzhi ma rig pa'i cha）：與「俱生無明」同義。

阿難陀，阿難，慶喜（Ananda，藏文拼音 kun dga' bo）：佛陀的十位親近弟子之一，爲佛陀的近身侍者，於第一次法教結集時背誦經藏，並於佛法口傳中擔任第二長老。

阿蘇拉洞窟（Asura Cave，藏文拼音 a su ra'i brag phug）：蓮師於此洞窟中，藉由普巴金剛（Vajra Kilaya，金剛橛）的修持來制伏尼泊爾的邪惡力量。位於加德滿都，鄰近帕平（Pharping）。

咀汀（Dathim，藏文拼音 brda' thim）：字面的意義是「符號消融」，這個字常會出現在伏藏結尾。

【九劃】

前行，加行（Preliminaries，藏文拼音 sngon 'gro）：共通外加行是轉心四思維：思維珍貴人身、思維無常與死亡、思維因果業力、思維輪迴過患。不共內加行則是修持皈依和菩提心、金剛薩埵百字明咒唸誦、供曼達、上師相應法各十萬次。請見《了義炬》（*Torch of Certainty*，Shambhala），以及《殊勝大門》

（*The Great Gate*，Rangjung Yeshe Publication）。

卻汪上師，咕嚕·卻汪（Guru Chöwang，藏文拼音 gu ru chos dbang）：五伏藏王之一。（一二一二～一二七〇）。詳細的介紹請見敦珠法王的《寧瑪傳承的歷史與基礎》（*The Nyingma Lineage, its History and Fundamentals*，Wisdom）。咕嚕卻汪意指「佛法的上師依怙主」。

律典（Vinaya，藏文 'dul ba）：律儀。三藏中的其中一藏，是闡釋規矩倫理、戒律和道德行持的佛陀法教，是所有佛法修持的基礎，有在家戒也有出家戒。

律藏（Vinaya Pitaka，藏文拼音 'dul ba'i sde snod）：請參見「三藏」的說明。

持明者（Vidyadhara，藏文拼音 rig pa 'dzin pa）：持有明識、智慧者；「持有」或擁有明咒的人；證得大瑜伽部密續道四次第任一階段的成就大師。另一定義爲：持有甚深方便道者，也就是熟知本尊、咒語和大樂三者之智慧。

持金剛（Vajra-Holder，藏文拼音 rdo rje 'dzin pa）：(1)對成就上師的尊稱。(2)覺醒證悟的境界。

施身法（Chö，藏文拼音 gcod）：字面爲「斷除」之意。是以般若波羅密多爲基礎的修持體系，由印度成就者帕當巴（Phadampa）以及西藏女性上師瑪姬拉尊（Machig Labdrön）所創立，以之斷除四魔和我執，是西藏八個佛法實修傳承的其中一支。

查的嘉維羅卓（Gyalwey Lodrö of Drey，藏文拼音 'bre rgyal ba'i blo gros）：起初取名爲鞏波（Gönpo），是赤松德眞國王的親信隨從，他成爲最初受戒的藏人之一，法名「嘉維羅卓」（勝利的智慧）。他在翻譯上變得極爲博學精通，並在印度雄嘎拉座下領受了法教的傳授之後，得到了大成就。據說他遊歷過閻魔死神的陰界，並從地獄中救出了他的母親。從蓮花生大師處領受法教後，他施展神通將一具僵屍轉化爲黃金，有些黃金後來在伏藏中被掘取出來。他達到長壽持明的位階，據傳一直活到絨宋班智達——法賢（一〇一二～一〇八八）的時代，並將法教傳授給法賢。嘉維羅卓的字義爲「勝利的智慧」。

毗盧遮那（梵文拼音 Vairochana）：赤松德眞國王統治時期的偉大譯師。在西藏最初的七位出家僧之中，毗盧遮那被派赴印度，於師利・星哈座下學習。除了蓮花生和無垢友之外，毗盧遮那也是把大圓滿教法帶到西藏的三位主要大師當中的一位。

珍貴人身，人身寶（Precious Human Body，藏文拼音 mi lus rin po che）：由八種閒暇與十種圓滿所構成。閒暇是免於投生在八種不自由的狀態中：下三惡道、成爲長壽天人、持有邪謬見地、未開化的野蠻人、啞巴、或是誕生在無佛的時代。圓滿則有自圓滿五種，和他圓滿五種（英譯本誤植爲十種）。五種自圓滿是：身爲人道眾生（生爲人）、生於（有佛法之）中地、具備完整的感官知覺能力（諸根具足）、未犯無間罪（不墮邊業）、信解勝處（敬信佛教）。五種他圓滿是：值佛出世、值佛說法、佛法住世、入佛法（爲法所轉）、有慈悲的善師（他心所悲憫）。

珍貴伏藏寶，《大寶伏藏》（*Treasury of Precious Termas*，藏文拼音 rin chen gter mdzod）：參見「大寶伏藏」的說明。

秋吉・林巴（Chokgyur Lingpa，藏文拼音 mchog gyur gling pa，一八二九～一八七〇）：伏藏大師，與蔣

揚．欽哲．旺波和蔣貢．康楚同一時代，被視爲西藏歷史中最主要的伏藏師之一，他的伏藏被噶舉派和寧瑪派廣爲修習。更多的細節請參見 Rangjung Yeshe Publication 所出版的《秋吉．林巴的生平與教法》（*The Life and Teachings of Chokgyur Lingpa*）。秋吉林巴的字義爲「尊貴的聖殿」。

風心、風息心（Prana-Mind，藏文拼音 rlung sems）：風在此處是「業風」，心則是未證悟眾生的二元心識，此兩者有著息息相關的關係。

【十劃】

乘（Yana，藏文拼音 theg pa）：「能做乘載者」、「運載工具或車乘」。能使人投生於上界善趣、從輪迴解脫或得到圓滿佛果。

俱生無明（Coemergent Ignorance，藏文拼音 lhan cig skyes pa'i ma rig pa）：與內在固有本性同時俱生的無明，維持著潛在因子的狀態，遇到相應的因緣條件時，能使迷惑生起。

《修心：盡除障礙者》（Tukdrub Barchey Künsel，藏文拼音 thugs sgrub bar chad kun sel）：由秋吉．林巴和蔣揚．欽哲．旺波一同取出的教法系列，約有十函。歸屬於上師持明源（principle fo Guru Vidyadhara）。關於細節，請見《殊勝大門》的序言。Tukdrub 意味著「修心」，Barchey Künsel 則意指「盡除障礙者」。

修部八教、八大法行（Eight Sadhana Teachings，藏文拼音 sgrub pa bka' brgyad）：大瑜伽部的八位主要本

尊及其相應之密續和修法儀軌：妙吉祥身、蓮花語、清淨心（眞實意）、甘露功德、橛事業（普巴事業）、招遣非人本尊、猛咒詛誓和供讚世神（參考《漢藏大辭典》）。這個名相通常是指包含眾多本尊之繁複壇城的一種修持。

修道（Path of Cultivation，藏文拼音 sgom lam）：此處指的是五道的第四道，於此道上，行者要訓練更高階的菩薩修行，尤其是聖者八相（eight aspects of the path of noble beings）。

娑婆世界，堪忍世界（Saha World，藏文拼音 mi mjed kyi 'jig rten）：我們所知的世界，亦即這「堪忍的世界」，因爲此地眾生都承受著無可忍受的痛苦。梵文 saha 也可指「未分開的」，因爲業和煩惱、因和果，並不是分開的，也無所區別。

娘·讓（Nyang Ral，藏文拼音 nyang ral）：娘·讓·尼瑪·沃瑟的縮寫。

娘·讓·尼瑪·沃瑟（Nyang Ral Nyima Özer，藏文拼音 nyang ral nyi ma 'od zer）：（一一二四～一一九二）。五位伏藏王中的第一位，也是赤松德眞國王的一個轉世化身。他所取出的伏藏有好幾部被收錄在《大寶伏藏》中，其中最廣爲人知的是著眼於《修部八教》的教法系列——《八誡善逝總集》（*Kagye Deshek Düpa*），以及蓮師傳記：《桑林瑪：銅殿生平故事》（*Sanglingma*），後者已由香巴拉出版社刊行爲《蓮師傳》（*Lotus-born*，中文版由橡樹林文化出版）一書。娘·讓的字義是「來自娘地的綁辮人」，而「尼瑪·沃瑟」則是「太陽的光華」。

師利·星哈（梵文 Shri Singha，藏文拼音 dpal gsang ba 'dus pa）：大圓滿教法傳承二祖妙吉祥友的嫡傳弟子，生於于闐的秀嚴（Shokyam of Khotan），師於哈提巴拉（Hatibhala）和貝拉克提（Bhelakirti）。師利．星哈的弟子中，後來也成為大師的四位優秀主要嫡傳弟子是：智經、無垢友、蓮花生和西藏譯師毗盧遮那。

拿地的吉納那．庫瑪拉，童子本智（Jnana Kumara of Nyag，藏文拼音 gnyag jna na ku ma ra, ye shes gzhon nu）：吉納那．庫瑪拉的字面意義為「年輕的覺性」。他是西藏早期的僧人，也是譯師；在蓮師、無垢友、毗盧遮那和優札．寧波（Yudra Nyingpo）座下領受了四大傳續之流（Four Great Rivers of Transmission）。他跟無垢友尊者緊密合作，翻譯了大瑜伽部和阿底瑜伽部的密續典籍，也以「拿地譯師」和秘密法名「直美．達夏」（Drimey Dashar，無瑕月光）之名而為人所知。他的灌頂花與赤松德真國王的灌頂花，一起落在切秋黑嚕嘎（Chemchok Heruka）上。之後，他從蓮師處領受了《甘露法藥》的傳授。他在雅龍的水晶洞窟禪修時，曾從堅硬岩石中直接汲取到水，據說直到今日，水仍汩汩流洩著。他後來的轉世化身中，有一世是達桑仁波切（Dabzang Rinpoche），與第一世蔣貢康楚屬同一時代。

拿囊．伊喜，別名拿囊的伊喜．迭（Nanam Yeshe，alias Yeshe Dey of Nanam，藏文拼音 sna nam ye shes sde）：也被稱為「尚地的班迪．伊喜．迭」（Bandey Yeshe Dey of Shang，藏文拼音 zhang gi bhan dhe ye shes sde），是一位多產的譯師，譯作多達兩百多部，是蓮師的弟子。這位博學又有修行成就的僧人，曾展現以普巴金剛修行成就的神通力，在空中如飛鳥一般飛行。伊喜的字義是「本智」或「本初覺性」。

拿囊的多傑・杜炯（Dorje Dudjom of Nanam，藏文拼音 sna nam pa rdo rje bdud 'joms）：赤松德眞國王的臣相之一，被派至尼泊爾迎請蓮花生大師到西藏。他是生起與圓滿次第皆已達致圓滿的一位咒師，能如風速般飛行，也能穿越過固體物質。仁增・果登（Rigdzin Gödem，一三三七～一四〇八）與貝瑪・欽列（Pema Trinley，一六四一～一七一八），是位於西藏中部的多傑扎寺院（Dorje Drak）的偉大持明，兩位皆被認爲是多傑・杜炯的轉世化身。多傑・杜炯的字義爲「不可摧毀的伏魔者」。

朗地的佩吉・僧給（Palgyi Senge of Lang，藏文拼音 rlangs dpal gyi seng ge）：他的父親阿堳・蔣秋・哲侯（Amey Jangchub Drekhöl）是一位具大威力的咒師，能差遣八類神鬼。朗地的佩吉・僧給是蓮師傳授善逝集結灌頂時的八位主要弟子之一。他在不丹帕羅虎穴巖（Paro Taktsang）透過「伏慢魔之本尊」（Tamer of All Haughty Spirits）而證得共與不共的成就。卓千大圓滿的仁波切們都被視爲他的轉世化身。佩吉僧給的字義是「榮耀威德獅子」。

朗卓的恭邱・炯內（Könchok Jungney Of Langdro，藏文拼音 lang gro dkon mchog 'byung gnas）：起初是赤松德眞的朝臣，後來成爲蓮師的親近弟子之一，並獲得大成就。偉大的伏藏師惹那・林巴（Ratna Ringpa，一四〇三～一四七一）以及龍薩・寧波（Longsal Nyingpo，一六二五～一六九二）皆被認爲是他的轉世化身。恭邱・炯內意指「勝寶之源」。

桑耶寺（Samye，藏文拼音 bsam yas）：字面意義是神奇的寺廟，仿印度的歐丹塔菩黎寺建成，由赤松德眞國王所興建，於西元八一四年，由蓮師主持開光儀式。桑耶寺是西藏早期佛法傳播的一個重鎮，位於西藏中部，接近拉薩地區，也被稱爲「不動任運圓滿無盡願之桑耶寺」。建物內部有三層樓，各爲印度式、中國式和西藏式。請見《蓮師傳》。

桑耶欽普（Samye Chimphu，藏文拼音 bsam yas chims phu）：蓮師語的聖地，距離桑耶寺步行約四小時的山間閉關處。過去的十二世紀中，有許多偉大的上師曾在此處的山洞中禪修。

桑傑．林巴（Sangye Lingpa，藏文拼音 sangs rgyas gling pa，一三四〇～一三九六）：赤松德眞國王次子的一個轉世化身。他是大伏藏師，也是《上師密意集》系列十三函的取藏者。桑傑林巴的字義是「覺醒的聖殿」。

烏迪亞納阿闍黎（Master of Uddiyana，藏文拼音 o rgyan gyi slob dpon）：蓮花生大師的別名。

班智達（Pandita，藏文拼音 mkhas pa）：學識淵博的佛教哲理大師、學者或教授師。

祖古烏金仁波切（Tulku Urgyen Rinpoche，藏文拼音 sprul sku u rgyan rin po che）：噶舉與寧瑪傳承的當代大師，駐錫於尼泊爾的那吉寺。

索格坡的佩吉．伊喜（Palgyi Yeshe Of Sogpo，藏文拼音 sog po dpal gyi ye shes）：蓮師以及拿地的吉納那．庫瑪拉的弟子。佩吉伊喜的字義爲「尊勝榮耀的智慧」。

脈（Channel，藏文拼音 rtsa）：參見「脈」（nadi）。

脈、脈管（Nadi，藏文拼音 rtsa）：金剛身中的氣脈，能量之流透過這些管道移動。

脈結（Nadi-Knots，藏文拼音 rtsa mdud）：有時也是脈輪的同義字，爲脈管的主要接合處或是匯合點；但有時是指需要透過瑜伽修持來解開的細微堵塞。

馬頭明王（Hayagriva，藏文拼音 rta mgrin）：密續本尊，有著馬頭和焰髮，是阿彌陀佛的憤怒尊。在此處等同蓮花黑魯嘎，亦即修部八教中的蓮花語。

紓布的佩吉．僧給（Palgyi Senge of Shubu，藏文拼音 shud bu dpal gyi seng ge）：赤松德眞國王的朝臣之一，是國王派遣前去邀請蓮師到西藏的使臣團成員之一。他向蓮師學習翻譯，並將多部天母教法、大威德金剛教法普巴金剛教法傳授到西藏。透過普巴金剛和天母教法證得了大成就之後，他能夠用短劍將岩石劈開、將河流分成兩半。他的轉世化身包含南卻傳承（Namchö tradition）的偉大伏藏師敏珠．多傑。佩吉僧給的字義是「榮耀威德獅子」。

【十一劃】

參，妖精，妖怪（Tsen，藏文拼音 btsan）：邪靈、厲鬼的一種。

曼達拉，曼達壇城（Mandala，藏文拼音 dkyil 'khor）：(1)字義爲「中央與周圍」，指的是中央的本尊加上周圍的環境。曼達壇城是一種象徵，是密續本尊存有境的具象圖騰或塑像。(2)供曼達則是一種觀想的供養，在密續儀軌中觀想整個宇宙，以及種種供養的安排準備。

曼達拉娃佛母（Mandarava）：是沙河爾國（Zahor）的公主，蓮師的親近弟子，五位佛母其中的一位。她名字的意義是黃脈刺桐，是一種小喬木，是天堂的五類樹種之一，會開出亮麗的鮮紅色花朵。曼達拉娃佛母據說是尼古瑪空行母和人骨嚴瑜伽女的化身。在蔣貢康楚所著作的《青松石寶鬘》中提到：「曼達拉娃爲沙河爾國王菲哈達拉（Vihardhara）和皇后摩訶琪（Mohauki）之女，誕生時發生了許多殊勝的瑞相，（再加上公主貌美動人）因此印度和中國的許多王侯都爭相提親。然而公主出離心堅決，決意入佛門修行。蓮師觀到公主註定成爲他的弟子，之後並納受她爲道侶。然而國王生恐皇家血統被沾染，便打算活活燒死蓮師；蓮師於是施展神通，將大火轉化爲湖泊，使國王生起了信心，毫不遲疑地將整個王國和公主都供養給蓮師。國王向蓮師請法時，蓮師爲二十一位弟子施降了無上殊勝法雨，傳授了密續、經教和總攝教法海的口訣教授，由此而令國王和朝臣都證得了持明者果位。蓮師後來攝受曼達拉娃爲道侶，於瑪拉提卡（Maratika）的長壽無死洞穴，蓮師與佛母展現了證得長壽持明雙融金剛身果位的行持。曼達拉娃佛母繼續留駐印度，並以直接或間接的方式爲眾生帶來廣大的利益。在西藏，曼達拉娃佛母以神通力出現在掌竹法輪中，向蓮師獻上讚文，蓮師也針對讚文作出回覆。這段師徒對話在貝瑪卡堂記事（Padma Kathang）中有詳記的記載。曼達拉娃佛母的生平故事在烏金林巴的一些著作中可以見到。佛母是智慧空行母，有不同的名稱和化現：在馬爾巴大師的時代，她是人骨嚴空行母；在年大譯師（Nyen Lotsawa）的時代，她是具相瑜伽女（Risülkyi Naljorma）；在惹瓊巴大師的時代，她是竹貝嘉嫫（Drubpey Gyalmo）。她也被認爲是梅紀巴大師的佛母秋欣吉年瑪千（Chushingi Nyemachen），也是尼古瑪空行母。她的慈悲示現和加持是無庸置疑的；又因爲她已證得虹光身，因此她現在當然還存在（這世間）。」

唯識宗（Mind Only School，藏文拼音 sems tsam pa，梵文拼音 Chittamatra）：由偉大的無著大師與其跟隨者所傳揚之佛教哲學的一個大乘學派。此派建基於《入楞伽經》及其他經典，主要的導述是一切現象都是唯心，也就是說，由於種種習氣而在一切種識（阿賴耶識）中現起的種種心識感知。正面而言，此見地杜絕了對堅固實存物的執著；反面而言，這種見地仍執著有一個「萬法發生於其中」的實存之「心」。

奢摩他，止（Shamatha，藏文拼音 zhi gnas）：止定，在思想活動平息後「安住於靜定中」；或是，爲了安住在遠離念頭干擾的狀態，使心靜定的禪修。

宿爾瑪（Shurma，藏文拼音 shur ma）：一種藏文書寫體，介於印刷體與手寫筆跡之間。

密咒（Mantra，藏文拼音 sngags）：(1)金剛乘的同義字。(2)某種特定的象徵聲音，所傳達的是本尊的本性，能達到淨化和了悟，例如，嗡嘛呢唄美吽。密咒主要有三種：密言咒、明咒和陀羅尼咒。

密咒（Secret Mantra，藏文拼音 gsang sngags，梵文拼音 guhyamantra）：等同於金剛乘或密續教法。guhya 的意思是秘密，包含密封（封印）和自秘密；而 mantra 在這個脈絡中的意思是尊勝、善賢或值得讚頌的。

密咒，密咒之乘（Mantra，Vehicle of Mantra，藏文拼音 sngags kyi theg pa）：與密咒乘或金剛乘同義。

密咒行者（Mantrika，藏文拼音 sngags pa）：金剛乘的修行者。

密咒乘（Mantrayana，藏文拼音 sngags kyi theg pa）：密咒或金剛乘的同義語。

密勒日巴（Milarepa，藏文拼音 mi la ras pa，一〇四〇～一一二三）：藏傳佛教歷史中最聞名的瑜伽士與詩人之一，許多噶瑪噶舉派的教法都透過他薪火相傳。關於更多的細節，請閱讀香巴拉出版社（Shambhala Publications）出版的《密勒日巴大師傳》（*The Life Of Milarepa*）以及《密勒日巴十萬歌集》（*The Hundred Thousand Songs of Milarepa*）。他的名字意指「穿著棉布的密勒」。

密集，密集續（Guhyasamaja，藏文拼音 gsang ba 'dus pa）：字面上的意義是「秘密的匯集」，爲新譯教派主要的密續與本尊之一。

密嚴刹土，金剛總持住地（Akanishtha，藏文拼音 'og min）：「至高的」，金剛總持（持金剛）淨土，法身佛的證悟境界；也常被用爲「法界」的同義詞。

密續（Tantra，藏文拼音 rgyud）：佛陀以報身相所開示的金剛乘法教。這個字的眞正意義其實是（心之）「相續」，也就是本有的佛性，也被稱爲「表義密續」。一般性的意義是指殊勝的密續經典，也就是「名言密續」。密續也可以是指整個金剛乘的所有果法。

密續十事（Ten Topics of Tantra，藏文拼音 rgyud kyi dngos po bcu）：見地、行持、曼達壇城、灌頂、三昧耶、事業、成就、三摩地、薈供法會、密咒與手印。這些是密續行者修道的十個面向，也是主要需被解釋的十個主題。

常見（Eternalism，藏文拼音 rtag lta）：相信萬物的形成來自於一個永恆且無成因的創造者；特別是相信一個人的自我本體或心識具有實在的體性，是獨立、永恆、單一的。

措嘉（Tsogyal，藏文拼音 mtsho rgyal）：請參見「伊喜．措嘉」。

梵穴（Aperture of Brahma，藏文拼音 tshangs bug）：位於頭頂的孔穴，在髮際線上的八指處。

欲界（Realms of Desire，藏文拼音 'dod khams）：其中包含地獄道、餓鬼道、畜牲道、人類、阿修羅、以及欲界天六個居處的天人。稱之爲「欲界」，是因爲此處的眾生受欲望所生的心理苦痛，以及對物質實體的執著所折磨煩擾。

添岡（Tengam，藏文拼音 rten gam）：神聖物品的空間。

淨居天（Pure Abodes，藏文拼音 gnas gtsang ma）：色界十七處中最高的五天。之所以被稱爲「淨」，是因爲只有聖者，即證得見道位者才能誕生此處。投生此處是由第四禪中的清淨學處所生，端賴於這個薰修是較小的、中等的、大的、較大的、或是極大的。

淨相，淨觀，清淨現分（Pure Perception，藏文拼音 dag snang）：金剛乘中，視環境爲佛淨土、視自我與他人爲本尊、視聲響爲咒語、視思想爲本智之展現的觀點。

現證菩提身（Abhisambodhikaya，藏文拼音 mngon par byang chub pa'i sku）：佛五身的第五個，蔣貢康楚在其《知識寶藏》（*Treasury of Knowledge*）中，將之定義爲「依所調伏眾之業力而示現的多元化現，能有這樣的化現是因爲（其他四身）在明覺智慧中是任運圓滿的」。

處，入（Sense Bases，藏文拼音 skye mched）：十二種感知要素，分別是眼根、耳根、鼻根、舌根、身根與意根，以及六根對應的所緣境，即可見的色、聲、香、味、觸，以及意的對境。

【十二劃】

傑尊心滴，傑尊寧體（Chetsün Nyingtig，藏文拼音 lce btsun snying tig）：是最重要的大圓滿教授之一，以無垢友的傳授爲根據。蔣揚．欽哲曾在禪觀中見到傑尊．桑傑．旺秋（Chetsün Senge Wangchuk），啓發他撰寫了名爲《傑尊心滴》的珍貴教法。桑傑．旺秋（十一至十二世紀間）爲傳授心滴的傳承上師之一，在他的根本上師當瑪．隆給（Dangma Lhüngyal）座下取得傳承，也直接從無垢友處領受了傳承。由於證得高度了悟，他圓寂的時候，色身消失在彩虹光中。之後轉世化身爲蔣揚．欽哲．旺波時，他憶起了桑傑．旺秋傳授給空行母佩吉．羅卓（Palgyi Lodrö）的大圓滿教法，並寫下《傑尊心滴》，即「傑尊心髓」的伏藏教法。

勝寶總集（Könchok Chidü，藏文拼音 dkon mchog spyi 'dus）：「殊勝珍寶的總集化現」，這是由偉大的傑尊．寧波（Jatsön Nyingpo，一五八五～一六五六）所掘取的伏藏，主要內容是關於蓮花生大師。傑尊．寧波首先將這套法教傳給了堆督．多傑（Düdül Dorje，一六一五～一六七二）。這些法教大部分已由彼得．羅勃茲（Peter Roberts）翻譯成英文。

堪布、親教師（Khenpo，藏文拼音 mkhan po）：一種頭銜或稱號，授予已完成十年主要學科修習的人，其中包含佛教哲理、因明、戒律等傳統分科。也可以指寺廟的住持或是傳戒的傳戒師。

報身（Sambhogakaya，藏文拼音 longs spyod rdzogs pa'i sku）：圓滿受用身。在「佛五身」的脈絡中，報身是諸佛的半示現身（semi-manifest），具有五種特質，稱爲「報身圓滿五決定」：上師決定或身決定、法決定、處決定、眷眾決定、時決定。報身示現只有初地以上的菩薩才看得到。

普巴金剛、**金剛橛**（Kilaya，梵文拼音 phur pa）：密續本尊普巴金剛及相關密續。

普賢王如來，**普賢菩薩**（Samantabhadra，藏文拼音 kun tu bzang po）：普賢，永遠賢善者；(1)本初法身佛普賢王如來。(2)普賢菩薩，作爲圓滿無量增上供養的典範。

普賢意滴（Kunzang Tuktig，藏文拼音 kun bzang thugs thig）：「普賢如來的心要」（The Heart Essence of Samantabhadra），由秋吉・林巴取出的多種伏藏教法的輯錄，其重要內容是寂靜尊與忿怒尊。

智慧與方便（Prajna and Upaya，藏文拼音 thabs dang shes rab）：智慧即是理解知曉或是悟力，特別是指了悟無我的智慧。方便則是能帶來證悟的方法或技巧。另參見「方便與智慧」。

無色界（Formless Realms，藏文拼音 gzugs med kyi khams）：已修持無色定、尚未成正覺之眾生的居處，他們執著於這些概念：空無邊、識無邊、無所有，以及非想非非想。這些眾生累劫安住於這四種微細概念的禪修中，之後他們會再次回返輪迴較低下的狀態。

無念，**無分別念**，**離念**（Nonthought，藏文拼音 mi rtog pa）：參見「樂、明、無念」的說明。

無垢友尊者（Vimalamitra，藏文拼音 dri med bshes gnyen）：被赤松德貞國王迎請到西藏的大圓滿上師，爲藏地大圓滿教法三位先祖之一，特別是心滴或心髓法教的先驅者。此名意指「無瑕疵的善知識」。

無垢懺王續（Tantra of The Immaculate King of Confession，藏文拼音 dri med bshags rgyud kyi rgyal po）。

無盡慧請問經（Sutra Requested by Unending Intelligence，藏文拼音 blo gros mi zad pas zhus pa'i mdo）。

無學道、究竟道（Path of Consummation，藏文拼音 thar phyin pa'i lam）：五道中的第五道，完全體現且圓滿證悟的境界。

登瑪．采芒（Denma Tsemang，藏文拼音 ldan ma rtse mang）：西藏早期重要的三藏譯師，甚爲精通書法，他的書寫風格一直延續至今日。他從蓮花生大師處領受了金剛乘的傳授之後，得到了悟並成就圓滿的陀羅尼（記憶力）。據傳他是寫下多部伏藏的主要抄寫者，其中包括與《修部八教》相關的《善逝總集》（*Assemblage of Sugatas*）。

絨宋巴，絨宋班智達，法賢（Rongzompa, Rongzom Pandita, Chökyi Sangpo，藏文拼音 rong zom pa chos kyi bzang po，一〇一二～一〇八八）：他與龍欽巴同被視爲具有傑出才智的寧瑪派學者。

善根（Roots of Virtue，藏文拼音 dge ba'i rtsa ba）：善行；生起一刻出離心、悲心或信心。現在或過去生所做之善行。

善德增長經（Sutra on the Furtherance of Virtue，藏文拼音 mdo dge rgyas）。

菩提心（Bodhichitta，藏文拼音 byang sems, byang chub kyi sems）：亦即「覺醒心」、「證悟的心態」。(1)爲了一切眾生而誓願獲得證悟的祈願。(2)在大圓滿的脈絡中，指的是覺醒心的本覺，與無二元明覺

（nondual awareness）同義。

菩黎的大洞穴／菩黎仆牟切水晶洞穴（Great Cave Of Puri / Crystal Cave Of Puri Phugmoche，藏文拼音爲 spu ri phug mo che shel gyi brag phug）：桑傑．林巴伏藏所在地，位於與阿薩姆接壤的普窩區（Puwo district），桑傑．林巴在此地取出了《上師密意集》的伏藏系列。

菩薩（Bodhisattva，藏文拼音 byang chub sems dpa'）：已生起菩提心的人。菩提心：爲利益一切有情眾生而誓願獲得證悟之祈願。他們是大乘修道的行者，特指已證得初地位階的神聖菩薩眾。

菩薩戒，菩薩律儀（Bodhisattva Precepts，藏文拼音 byang sdom）：根據龍樹菩薩的體系「深觀車乘」（the Chariot of the Profound View）或「深觀派」，戒律即是要禁除下列事項：偷竊三寶的資財；犯下摒棄佛法的行爲；處罰或使具有學處或是背離學處者喪失戒律等；犯下五無間罪；違犯國君的五種定戒，諸如：執持錯誤見解（邪見）等等；違犯行政首長的五種定戒，諸如：摧毀一座村落、山谷、城市、區域或國家等等；對尚未接受大乘教法訓練的人們過早開示空性法教；達到大乘程度後卻嚮往小乘聲聞眾的言教；捨棄別解脫戒後又受教於大乘；貶抑小乘；自讚毀他；爲了名譽與利益而極度僞善；讓僧侶領受懲罰且蒙受恥辱；爲了懲罰他人，對國王或大臣行賄來傷害這些人；將出離世間的禪修者的食物送給唸誦經文者，因而造成薰習奢摩他（定）的障礙。「八十隨墮」則是捨棄其他眾生的安樂等等。

根據無著菩薩的體系「廣行車乘」或「廣行派」，願菩提心的戒律如下：絕不捨棄有情眾生、憶念菩提心的利益、積聚二資糧、自身要努力培養菩提心、實踐對黑白八法的取和捨。行菩提心的四種戒律是（要禁除下述行爲）：(1)出於貪欲，極度戀執名譽和利益，因而自讚毀他。(2)出於吝嗇，不布施他人資具，不給予法施或財施。(3)出於憤怒而傷害他人，並在他人道歉時，不願寬恕原諒。(4)出於愚癡，將懶惰佯稱爲佛法，並將此教導他人。四十六個隨要的墮犯則是：不供養三寶等等。四種黑法是：欺騙受人尊重的人士、使某人懊悔不應後悔的事、輕蔑崇高殊勝的人、欺騙矇蔽有情眾生。四種白法則是四黑法的相反。

菩薩論師，寂護大師（Lobpön Bodhisattva，Alisa Shantarakshita，藏文拼音 zhi ba 'tsho）：印度超戒寺（Vikramashila），以及桑耶寺的班智達與住持，授予西藏第一批僧人具足戒。他是金剛手菩薩的轉世化身，別名堪布菩薩或寂護菩薩比丘。他創立了結合中觀與唯識（瑜伽行派）的哲學派別，這個傳派後來由米龐仁波切針對寂護大師《中觀莊嚴論》而著作的《中觀莊嚴論注疏》所復興，並詳加闡述。

診巴．南卡（Drenpa Namkha，藏文拼音 dran pa nam mkha'）：西藏譯師，爲蓮花生大師的弟子。原本是苯教德高望重的祭師，後來拜蓮花生爲師，並學習翻譯。據傳他僅以一個威怒的手印就降服了一隻野犛牛。他將許多苯教教法供養給蓮花生大師，後來被蓮師埋藏爲伏藏。診巴．南卡的字義爲「正念的虛空」。

須彌山（妙高山）與四大部洲（Mount Sumeru And The Four Continents Mount Sumeru，藏文拼音 ri rab lhun po gling bzhi dang bcas pa）：神話中的大山，位於世界系統的小千世界中央，周邊圍繞著四大州，是欲界最低三界的天人的居處，四周有較低的鐵圍山、湖泊、大陸及海洋，據說高於海平面八萬四千由旬

（一由旬大約十三公里）。我們現在這個地球則座落於四大洲中的南贍部洲。

【十三劃】

圓滿次第（Completion Stage，藏文拼音 rdzogs rim）：參見「生起與圓滿」。

暇滿（Freedoms and Riches，藏文拼音 dal 'byor）：參見「珍貴人身」。

極喜地，**歡喜地**（Joyous Bhumi，藏文拼音 sa rab tu dga' ba）：菩薩十地的初地；從輪迴中解脫且了悟實相的眞諦。

極樂世界、**無量光佛刹土**、**阿彌陀佛國**（Blissful Realm，藏文拼音 bde ba can，梵文拼音 Sukhavati）：阿彌陀佛淨土，在投生中陰階段，行者可透過結合清淨的信心、具足的福德以及專一決心三者，投生此淨土。

滅盡定，**滅受想定**（Serenity of Cessation，藏文拼音 'gog pa'i snyoms 'jug）：阿羅漢在所有煩惱、感知及思維都止息後，所進入的禪定狀態；大乘學派不認爲這種狀態是究竟的目標。

煙供（Burnt Offerings，藏文拼音 gsur）：將麵粉與淨食、聖物攙和，燃燒後所產生的煙。禪修大悲觀世音菩薩時以此煙來作供養，可滋養中陰的意生身及餓鬼道眾生。

煩惱（Disturbing Emotions，藏文拼音 nyon mongs pa）：貪欲、瞋恚、愚癡、驕慢、嫉妒等五毒，能使一個人的心疲倦、受擾、受痛苦折磨，這些煩惱的相續不斷即是輪迴的主要成因之一。

瑜伽（Yoga，藏文拼音 mal 'byor）：⑴將聽聞學習的內容內化爲親身體驗。⑵事部、行部、瑜伽部外三密的第三個，著眼於見地而非行持，視本尊跟自己同等階級。

瑜伽密戒（Yogic Discipline，藏文拼音 rtul shugs）：密乘行者爲了訓練自己能在行動中實修金剛乘見地的種種額外修持，例如，在恐怖之地修持斷境施身法。對見地非常嫻熟且禪修很穩定的行者，便能進行這類修持。具有「勇士行持」的內涵。

經，契經，顯經（Sutra，藏文拼音 mdo, mdo sde）：⑴佛陀親口宣說或加持宣說的開示。⑵三藏中的經藏。⑶小乘和大乘都有因乘法教，因乘法教認爲修道是證悟的因，不同於密乘法教。

經藏，修多羅藏（Sutra Pitaka，藏文拼音 mdo'i sde snod）：參見「經」的說明。

資糧（Accumulation，藏文拼音 tshogs）：修道上的備糧。參見「二資糧」。

資糧道（Path of Accumulation，藏文拼音 tshogs lam）：五道中的第一道，是形成解脫之旅的基礎，其中包含累積能迴向給解脫成就的廣大福德資糧。在此道上，行者要透過聞、思對「無我」產生概念上的理解。培養四念住、四正勤及四神足之後，行者成功去除造成輪迴痛苦的粗分染垢，獲得神通的善功德，以及能引至加行道的「法續三摩地」（samadhi of the stream of Dharma）。

道（Paths，藏文拼音 lam）：參見「五道」的說明。

遍計無明（Conceptual Ignorance，藏文拼音 kun brtags kyi ma rig pa）：金剛乘所說的遍計無明，意指心將其自身領知爲主體和客體（能與所），是一種概念化的思維。顯乘的遍計無明，意指「賦予標籤」或者

「學習到的錯誤見地」；是遮障萬法本性的粗糙、一般性看法。

鉛丹，硃砂（梵文拼音 Sindhura）：一種紅色或暗橘色的材料，常使用在密續儀軌中。

【十四劃】

僧千．南札（Sengchen Namtrak，藏文拼音 seng chen nams brag）：康區二十五個聖地之一，此地由秋吉．林巴所開啓。僧千南札意指「大獅子天崖」。

嘎惹．多傑，勝喜金剛（Garab Dorje，藏文拼音 dga' rab rdo rje，梵文拼音 Surati Vajra, Prahevajra, Pramoda Vajra）：是僧拉．虔（Semlhag Chen）的轉世化身。僧拉．虔往昔曾被諸佛加持灌頂。嘎惹．多傑清淨入胎，他的母親是一位尼眾，爲烏迪亞納王國的印札菩提王之女。他親自從金剛薩埵和金剛手菩薩處領受了所有的經教、密續與口訣教授，成爲大圓滿傳承的第一位人類持明。以任運自然的大圓滿教法證得圓滿正覺之後，嘎惹．多傑將法教傳授給高根器的隨從眷眾弟子，其中，妙吉祥友（Manjushrimitra）被公認爲主要的嫡傳弟子。據聞蓮花生大師也曾由嘎惹．多傑的智慧相直接領受到大圓滿密續的傳授。嘎惹．多傑的字義爲「無比、無上的喜悅」。

瑪地的仁千．秋可（Rinchen Chok of Ma，藏文拼音 rma rin chen mchog）：西藏早期的譯師，是首批在寂護大師座下領受具足戒的七位西藏僧人之一，也是大瑜伽部教法大幻化網的主要領受者。他翻譯了大瑜伽部主要密續《秘密藏續》（*Guhyagarbha Tantra*，藏文拼音 gsang ba'i snying po）。透過蓮師授與的法教，他證得了持明果位。仁千秋可的字義為「殊勝的珍寶」。

瑪姬・拉尊（Machig Labdrön，藏文拼音 ma gcig lab sgron，一〇三一～一一二九）：創立斷除我執之施身法的偉大女性上師，是印度大師帕當巴・桑傑（Phadampa Sangye）的弟子與道侶。瑪姬拉尊意指「唯一母，佛法之燈」。

綽瑪・拿摩，黑憤怒母（Tröma Nagmo，藏文拼音 khros ma nag mo）：女性佛金剛瑜伽女的黑色憤怒形象。綽瑪拿摩的字義為「憤怒的黑女」。

聞思修（Learning, Reflection and Meditation，藏文拼音 thos bsam sgom gsum）：「聞」意指為了淨除無明愚癡和邪見，而領受口訣教授、學習經論。「思」意指透過對所學習內容的仔細思維而根除疑惑和誤解。「修」意指在個人切身經驗中運用教法而獲得直接的洞見。

【十五劃】

增益、增上修持（Enhancement，藏文拼音 bogs 'don）：為了穩定洞見的不同修持。根據祖古烏金仁波切的解釋，主要的增上修持是對虔敬心與悲心的培養。

《廣博見地》（Tawa Long-Yang，藏文拼音 lta ba klong yangs）：由多傑・林巴（一三四六～一四〇五）取出的大圓滿父續伏藏系列。

樂、明、無念（Bliss, Clarity and Nonthought，藏文拼音 bde gsal mi rtog pa）：三種暫時性的禪修體驗。若

是耽執此三者，將種下再次投生於輪迴三界的種子；若是無有耽執，此三者便是三身的莊嚴。

歐枕之佩吉・旺秋（Palgyi Wangchuk Of O-Dren，藏文拼音 'o dran dpal gyi dbang phyug）：偉大的學者與密續行者，他透過修持憤怒蓮師咕如札波（Guru Drakpo）得到大成就。咕汝札波即蓮師憤怒相。佩吉旺秋的字義爲「尊勝榮耀的君王」。

緣起（Dependent Origination，藏文拼音 rten cing 'brel bar 'byung ba）：一切現象皆依賴自身的因，以及跟它們各自相關的緣而生起，自然法則。事實是，沒有任何現象可以無因而生，也沒有任何現象是由某個無因的創造者所創造。萬物的生起勢必起因於、且有賴於因和緣的和合；沒有因緣，事物是不可能出現的。

蓮花遺教（Testament of Padma，藏文拼音 padma'i bka' chems）：由偉大的伏藏師娘・讓所掘取出，據推測等同於中文版的《桑林瑪：銅殿故事》的蓮師傳記。《桑林瑪》的英文翻譯發行書名爲《蓮花生》（*The Lotus-Born*，香巴拉出版社出版，一九九三；中譯版由橡樹林出版社出版，名爲《蓮師傳》）。

蔣貢康楚（Jamgön Kongtrül，藏文拼音 'jam mgon kong sprul，一八一三～一八九九）：亦名羅卓泰耶（Lodrö Thaye）、永敦嘉措（Yönten Gyamtso）、貝瑪・嘎旺（Padma Garwang）、貝瑪・天尼・永鐘・林巴（Padma Tennyi Yungdrung Lingpa）。他是十九世紀最卓越重要的佛教上師之一，特別注重不分教派的利美思想。他是著名的成就大師、學者和作家，佛法著作、彙編共一百多種。最爲人所知的就是《五寶藏》（*Five Treasuries*），其中包含大寶伏藏（百位伏藏師的伏藏文獻）六十三大卷。

蔣揚．欽哲．旺波（Jamyang Khyentse Wangpo，藏文拼音 'jam dbyangs mkhyen brtse'i dbang po，一八二○～一八九二）：上一世紀的偉大大師，他是五位大伏藏師的最後一位，且被認爲是無垢友及赤松德貞國王的結合轉世化身，後來成爲藏傳佛教所有教派的大師和教師，也是不分教派利美運動的創始者。除了他的伏藏之外，另外還有十大卷著作。蔣揚的字義爲「文殊師利妙吉祥，柔和音」，欽哲．旺波的字義則是「具慈愛之智慧的君王」。

霄投的堤卓洞穴（Tidro Cave At Shotö，藏文拼音 sho stod sti sgro）：在西藏中部的直貢悌（Drigung Til）附近，爲蓮師與伊喜．措嘉佛母的聖地。蓮師爲了未來的修行者所開設，這個重要的朝聖地也有具療癒性的溫泉。

【十八劃】

噶瑪．巴希（Karma Pakshi，藏文拼音 karma pakshi，一二○四～一二八三）：噶瑪巴轉世中的第二位，且被視爲首位被認證的西藏祖古（轉世成就者）。巴希是蒙古語，意思爲「大師」，蒙古皇帝授予他崇高的宗教地位而以此頭銜名聞遐邇。偉大的成就者鄔堅巴．仁欽．巴（Orgyenpa Rinchen Pal，一二三○～一三○九）是他的一位弟子。

獨覺者，緣覺辟支佛（Pratyekabuddha，藏文拼音 rang rgyal, rang sangs rgyas）：「獨自成正覺者」，一種小乘阿羅漢，主要透過思維十二緣起的逆轉而證得涅槃，當生無須依賴老師的教導。這樣的行者並不具有佛的圓滿了悟，此無法像佛一般利益無量有情眾生。

穆路王子（Prince Murub，藏文拼音 lha sras mu rub）：赤松德眞國王的二皇子。

閻羅王、死神（Lord of Death，藏文拼音 gshin rje）：(1)無常與因果不爽法則的擬人化。(2)（藏文拼音'chi bdag）以此而命名的魔類，爲四魔之一。另參見「魔羅」。

龍欽巴，即龍欽．饒絳（Longchenpa Alias Longchen Rabjam，藏文拼音 klong chen pa, klong chen rab 'byams，一三〇八～一三六三）：是赤松德眞國王的女兒貝瑪．索公主的一個轉世化身，蓮師將《空行心滴》大圓滿傳承託囑給他。他被獨尊爲大圓滿教法最重要的作家。他的著作包括《七寶藏論》（*Seven Great Treasuries*）、三種三部論（the Three Trilogies），以及他對《四部心髓》的釋論。其生平與教法的詳述，可參見雪獅出版社（Snow Lion Publication）於一九八九年出版，由祖古東杜仁波切著述的《佛心》（*Buddha Mind*）。龍欽巴意指「廣大無垠」。

【十七劃】

優婆塞，近事男（Upasaka，藏文拼音 dge bsnyen）：佛教徒在家居士，受五戒的約束：禁止殺生、偷竊、欺騙、不正當的性行爲，以及使人醺醉的酒。藏文同義字爲「給念」（genyen），意指「善德的追求者」。

優曇缽羅花（梵文拼音 Udumvara）：字義爲「特別出眾」或「極度崇高」。這種花據說只會在一位圓滿證悟佛的出世時出現、綻放。（中譯註：英譯本的 Udumvara，另一拼音爲 Udumbara。Udumbara 的漢譯名爲優曇缽、優曇波羅、優曇花。）

戲論、造作（Constructs，藏文拼音 spros pa）：心智所建構的一切；非自心本性本來具有的概念虛構。

禪定，靜慮，三摩地（Dhyana，藏文拼音 bsam gtan）：心專注的狀態，也是由此專注心所生的天界名稱。參見「四種定靜慮，等至的四禪境界」。

禪修、串習（Meditation，藏文拼音 sgom pa）：在大圓滿與大手印修習的脈絡中，禪修就是在上師爲我們直指出我們的佛性之後，逐漸去習慣、或是維持這個認識。在聞、思、修的脈絡中，禪修意味著將教法內化爲個人體驗，然後透過實修逐漸習慣教法。

聲聞（Shravaka，藏文拼音 nyan thos）：小乘行者，修持初轉法輪四聖諦，能了悟輪迴本具的痛苦，並專注在探究人無我。戰勝煩惱之後，行者解脫自己，在見道上先證得聲聞初果須陀洹（Stream Enterer，預流果）；接著是二果斯陀含（Once-Returner，一來果），只會再投生輪迴世間一次；然後是三果阿那含（Non-Returner，不還果），不會再投生輪迴世間；最後的目標是證得四果阿羅漢（Arhant，無生果）。這四個階段也被稱爲「聲聞四果」。

薈供曼陀羅（Feast Offering，藏文拼音 tshogs kyi 'khor lo，梵文拼音 ganachakra）：金剛乘行者爲累積福德和淨治三昧耶誓言所進行的薈供輪。

斷見（Nihilism，藏文拼音 chad lta）：字義是「斷絕之見地」，也就是空無或不存在的極端見地，主張沒有來世或業果，死亡之後，心便不復存在。

【十八劃】

穢氣，邪氣（Drib，藏文拼音 grib）：污穢，接觸到不清淨的人或其所有物所造成的覆障。

舊譯（Early Translations，藏文拼音 snga 'gyur）：舊傳派的同義字，也就是寧瑪傳承。在大譯師仁欽・桑波（Rinchen Sangpo）之前所翻譯的法教，約莫在西藏國王赤松德貞與惹巴千（Ralpachen）的統治時期。

羅集・穹巴（Lokyi Chungpa，藏文拼音 lo ki chung pa）：蓮師的一位親近弟子，年少時即成爲佛法譯師，也因此而得到譯師的稱號。他也以克鄔・穹譯師（Khyeu-chung Lotsawa），即「男孩譯師」而受人聞知。他後來的轉世化身包括伏藏師堆督・多傑、都炯・林巴（Dudjom Linpa，一八三五～一九〇三），以及法王敦珠仁波切，即無畏智金剛尊者（H.H. Dudjom Rinpoche, Jigdrel Yeshe Dorje，一九〇四～一九八七）。

【十九劃】

嚴朗的嘉華秋揚（Gyalwa Cho-Yang of Nganlam，藏文拼音 ngan lam rgyal ba mchog dbyangs）：蓮師的親近弟子之一，透過馬頭明王的修持而得到大成就，之後轉世爲噶瑪巴。嘉華秋揚誕生在潘地（Phen）的嚴朗家族中，在寂護大師座下剃度出家，是西藏第一批出家賢士的七位之一，據說其中尤以他持戒最爲清淨。從蓮師處領受馬頭明王的傳授之後，於僻靜處潛修而證得持明的位階。嘉華秋揚的字義爲「勝利者之聖音」。

【二十劃】

覺醒心（Awakened Mind，藏文拼音 byang chub kyi sems, bodhichitta）：參見「菩提心」。

【二十一劃】

護法神（Dharma Protector，藏文拼音 chos skyong）：誓言保護、守護佛陀教法及其追隨者的非人護法。護法也可以是世間護法（善良輪迴眾生），或智慧護法（諸佛菩薩的化身）。

魔羅（Mara，藏文拼音 bdud）：能對修行和證悟造成障礙的鬼魔或邪惡力量。若是以神話的角度來說，這是指欲界最高的一個大威力神魔，在菩提迦耶企圖阻撓佛陀成正覺的幻化師。對佛法行者而言，魔羅象徵一個人的我執和被世間八法所據。一般而言，佛法修行道上有四種魔障：有礙魔（垢障）、死魔（死亡）、五陰魔（五蘊）和天子魔（誘惑之天魔）。

魑魅邪魔（Dön，藏文拼音 gdon）：一種負面的力量，邪惡靈魅的一種。

魑魅魍魎（Gyalpo Spirits，藏文拼音 rgyal po 或 'byung po）：是一種惡靈，有時被歸於「八種神鬼」之列。被偉大的上師調伏之後，也能成爲佛法的護法神。

【二十三劃】

體性、自性與悲能（Essence, Nature, and Capacity，藏文拼音 ngo bo rang bzhin thugs rje）：根據大圓滿的體系，此三者是善逝藏（sugata-garbha）或如來藏的三個面向。體性是空性的本初清淨智，自性是任運呈現的分別智，悲能是不可分、遍一切處的盡所有智。究竟上，這即是三根本、三寶與三身的本體。

【二十五劃】

觀，勝觀，毘婆舍那（Vipashyana，藏文拼音 lhag mthong）：「明見」或「更廣大的見」。通常是指對空性的洞悉，爲禪修的兩個主要面向之一，另一面向則是奢摩他或止。

蓮師文集系列 JA0003

蓮師心要建言：蓮花生大師給予空行母伊喜・措嘉及親近弟子的建言輯錄

取　　藏／娘・讓・尼瑪・沃瑟、卻旺上師、貝瑪・列哲・采、桑傑・林巴、仁增・果登、秋吉・林巴
中 譯 者／江涵芠、孫慧蘭
審　　校／江涵芠
責任編輯／劉昱伶
業　　務／顏宏紋

總 編 輯／張嘉芳
出　　版／橡樹林文化
城邦文化事業股份有限公司
104 台北市民生東路二段 141 號 5 樓
電話：(02)25007696　傳眞：(02)25001951
發　　行／英屬蓋曼群島家庭傳媒股份有限公司城邦分公司
104 台北市民生東路二段 141 號 5 樓
客服服務專線：(02)25007718；25001991
24 小時傳眞專線：(02)25001990；25001991
服務時間：週一至週五上午 09:30 ～ 12:00；下午 13:30 ～ 17:00
劃撥帳號：19863813；戶名：書虫股份有限公司
讀者服務信箱：service@readingclub.com.tw
香港發行所／城邦（香港）出版集團有限公司
香港灣仔駱克道 193 號東超商業中心 1 樓
電話：(852)25086231　傳眞：(852)25789337
E-mail：hkcite@biznetvigator.com
馬新發行所／城邦（馬新）出版集團【Cite(M) Sdn.Bhd.(458372 U)】
41, Jalan Radin Anum, Bandar Baru Sri Petaling,
57000 Kuala Lumpur, Malaysia
電話：(603)90563833　傳眞：(603)90576622
email：services@cite.my

版面構成／歐陽碧智
封面完稿／翱翱板工作室
印　　刷／中原造像股份有限公司

初版一刷／ 2010 年 12 月
初版十六刷／ 2023 年 10 月
ISBN ／ 978-986-120-473-4
定價／ 350 元

城邦讀書花園
www.cite.com.tw

國家圖書館出版品預行編目資料

蓮師心要建言 / 娘・讓・尼瑪・沃瑟等取藏；江涵芠，孫慧蘭譯. -- 初版. -- 臺北市：橡樹林文化，城邦文化出版：家庭傳媒城邦分公司發行，2010.12
面；　公分. --（蓮師文集；JA0003）
譯自：Advice from the lotus-born : a collection of Padmasambhava's advice to the Dakini Yeshe Tsogyal and other close disciples
ISBN 978-986-120-473-4(平裝)

1. 藏傳佛教　2. 佛教說法　3. 佛教修持

226.965　　99023165